台灣原住民風俗誌

# 讓傳統文化立足世界舞台

## ——《協和台灣叢刊》發行人序

林勤仲

這是一種相當難得且奇特的經驗，四十歲之前，許多人常會問我的，總是一些生理與醫療方面的問題；四十歲之後，我最常思考的卻是文化方面的問題。

如此南轅北轍的改變，最主要的原因，應該是來自我的經驗法則：跟每一位成長在戰後的一代相仿，自童年長至青年，無論是家庭、學校或者是整個社會給我的壓力，只是讀書、考試，考試、讀書；而我一直也沒讓人失望，唸完醫學院後，順利負笈英國，接着又在日本拿到博士學位，先後在美國及台灣擔任過許多人欽羨的婦產科醫生，也正因此，讓我有太多機會在世界各地認識不同的友人。然而，這樣的機會卻總讓我感到自卑，這自卑並非來自專業知識，而是每每交換及不同的文化經驗時，少數識得台灣的友人，也僅知道這個海島擁有七百億的外滙存底而已。

這個殘酷的事實，逼着我不得不慎重的思考：什麼樣的文化，才足以代表台灣？

●

一九八三年間，我結束了在美的醫療工作，

回台全力投注於協和婦女醫院的經管，由於業務的需要，常有機會到日本去，有一次在橫濱的一家古董店裡，發現了十幾尊傳統布袋戲偶，讓我突然勾起兒時在台南勝利戲院，坐在長排椅的椅背上看內台布袋戲的情景；不久後，在大阪天理大學附設的博物館，看到那尊清乾隆年間的戲神田都元帥以及古色古香的「六角棚」戲台，還有那些皮影、傀儡、木彫、銀器、刺繡與原住民族的工藝品，讓我產生極大的感動，忍不住當場流下眼淚。

我的感動來自於那些代表先民智慧與工藝水平的器物之美；忍不住掉下的眼淚，則是因爲這些製作精巧，具有歷史意義又代表傳統文化精華的東西，在這外邦受到最愼重的收藏與保護，但在當時的台灣，除了某些唯利是圖的古董商外，根本乏人理會！

除了感動，同時也讓我感受到日本文化侵略的危機，這種危機感也許可溯自大學三年級的暑假，我參加基督教醫療協會，到信義、仁愛、望洋等山地部落，從事公共衛生的醫療服務時，便深刻體會到日治時期對台灣山地的積極教育，讓日本文化、語言以及民族性都紮下不錯的根基，其深厚的程度甚至令人驚駭，只是當時的情況，個人並無力改變什麼。及至一九八〇年前後，我結束學業，回到台灣後，第一件事便是找到彰化教育學院的郭惠二教授，試圖回到山地，經管一個模範村的計劃，結果模範村計劃因故流產，而那次再回山地，讓我不敢置信的是，由於電視進入山區，使得原住民族的文化幾近完全流失，少數保存下來的，卻是日治時期的文化遺產。

這是多麼可怕的文化侵略啊！難道連日本人走了，都還能予取予求地用區區的金錢，換取我們最珍貴的傳統文化？

如此揉合着感動、迷惑又驚駭的心情，讓我在東京坐立難安，隔天，便毫不考慮地到橫濱那家古董店買回店中所有的布袋戲偶，同時又透過種種關係，買回「哈哈笑」劇團最早那個被台灣古董商騙賣到日本的戲棚。

那絕不只是一時的衝動而已，我很清楚地告訴自己，只要在我的能力範圍之內，將盡可能地尋回這些流落在外的文化財產；這些年來，雖沒有明確的收藏計劃，但只要是有價值的東西，我都不肯放棄，至今，也才稍可談得上規模。

嚴格說來，我是個典型受西式教育的人，加上長年在國外的關係，讓我對藝術或者文化，都懷有較深且闊的世界觀。

最早我在英國唸書的時候，便跑遍了歐洲重要的美術館，後來每次出國，只要有機會，決不會錯過任何一個可觀賞的現代藝術館。

除了參觀與欣賞，我也嚐試着收藏一些美術的東西，收藏的目的，除因個人的喜好，當然也因爲美好的藝術品也是不分國界的！

也許有人會認爲，在這傳統與現代之間，必然有無法調和的衝突之處，我又如何面對呢？其實，我從不認爲這兩者之間會有相互矛盾或衝突之處，任何一種藝術品都有其共通之美，而其中蘊含的不同文化特色，正足代表那個民族的特殊之處，傳統的彩繪與現代美術作品，正是兩類截然不同的作品，正因其不同，我們才能在彩繪中，體認先民的精神與生活狀態，它的價值，除了美之外，更在於它所蘊含的特殊文化表徵。

當然，時代的快速進步之下，傳統的美術、工藝與文化，面臨了難以持續的大難題，導致這個問題的因素頗多，例如政府政策的不當教育的偏頗以及社會的畸型發展，讓戰後的台灣人擁有最好的知識教育，卻完全缺乏生活教育，終造成今天這個以金錢論成敗，從不考慮精神生活的社會型態。

過去，也有許多的專家學者，對這個病態的社會提出不少頗有見地的意見，但我一直認爲，任何一個正常的社會，必要擁有正常的文化。台灣光復以來，政府當局全力追求經濟建設的成長，卻不顧文化水平一直在原地踏步，直到近幾年，有關單位似乎也較積極地從事文化建設；只是，當中共的廣東省政府，花了兩億美元整修一座五落大厝，成爲一座古色古香的廣東地方博物館時，台灣的左營舊城門才剛剛被毀，半毀的麻豆林家也被拆遷，這樣的文化建設又怎能談得上什麼成績呢？

在這種種難題與僵局之下，要重振傳統文化，重新獲得現代人的肯定，甚至立足在世界的舞台上，就不能光靠政府的政策與態度，而是我們每個人都有責任付出關心與努力，用現代化的方法與現代人的觀點，提昇傳統文化的品質，再締造本土文化的光輝。

●

從開始收藏第一尊布袋戲偶起，彷彿便註定我將走上這條寂寞卻不會後悔的文化之路。

過去那麼多年前，只是默默地收藏一些珍貴的文化財產，我當然知道，光如此是不夠的，但直到今天，時機稍稍成熟，才敢進行下一步的計劃。

這個計劃，大概可分爲三個部份，一是成立出版社，二爲創立協和藝術文化基金會，三則創設傳統戲曲文物館。

臺原出版社成立的目的有二；一是專業台灣風土叢刊的出版，這是一套持續性的計劃，計劃每年分三季出書，每季同時出版五種台灣風土文化的叢書，類別包括：民俗、戲曲、音樂、歷史、工藝、文物、雜俎、原住民族等大類，每本書都將採最精美的設計與印刷，用最通俗的筆法，喚醒正在迷茫與游離中的朋友，讓更多的朋友重新認識本土文化的可貴與迷人之處。我深信，只要持之以恆，所有努力的成績不僅將獲得關愛本土人士的肯定，更將贏得國際間的重視；二爲出版基金會的專刊，協和藝術文化基金會成立之後，將有計劃地整理台灣的傳統藝術之美，諸如戲曲之美、偶戲造型以至於建築、彩繪之美……等等。

至於基金會與博物館的創立，則是我最大的目標，這兩個計劃其實是一體的，博物館只是基金會的附屬單位，主要的功用在於展示基金會所收藏的文物與美術品；至於基金會本身，除了推廣與發展本土文化，定期舉辦各種研習營與表演、演講，更將策劃舉辦各種世界性的文物交流展，目的除了讓國人有機會打開更廣闊的視野外，更重要的是讓本土文化立足在世界的舞台上。

讓本土文化立足在世界的舞台上，不僅是協和藝術文化基金會與出版社努力的目標，更是每個關愛本土文化人士最大的期望，不是嗎？畢竟唯有如此，才能重拾我們失落已久的自尊！

（本文獲選入《一九八九年海峽散文選》）

# 來自天籟的聲音

## ——《台灣原住民風俗誌》原作者序

月亮未昇，下方已爲雲海所遮，遠處僅能看到秀姑巒、麻波拉斯靈峰浮現。當暗夜籠罩整個山頭，一片漆黑寂靜，突然傳來美妙的破鐘之音，學生們不約而同地躍到廣場，隨著暗處傳來的曲調，大家引吭高歌，不久月亮昇起，廣場的人有著日本裝的、原住民服裝的、也有著洋裝的，男女大小數十位，這些奇異的舞者，他們圍著風琴手足舞蹈成爲一群舞陣。

月光普照著這六千尺的高原，整個場面似是浮搖於雲海之中，涼風微微，夜空清澈，脫離於塵世之外，沒有愛戀，也沒有仇恨，更沒有權勢、名譽等世俗的東西，沒有野心、沒有逐利之心、沒有墮落、沒有競爭，更沒有得意與失望，在這裡只有純潔無垢的心境。望著這些聖潔天真的天使舞群，我們渾然忘憂，看得癡癡入神。白天滿身污垢、髒兮兮的原住民，在黑夜盡情的舞著，映著皎潔的月光美極了！

這番美麗的情景，只有在這高山上才能看到吧！

夜深之際，唱夠了，跳累了，那些原住民小孩，都各自回家，做著甜甜的美夢入睡。

月亮中天，皎皎潔潔，夜空裏忽而傳來杵臼

的撞擊聲（原住民撞擊各式樂器）。忽大忽小，如泣如訴，在清澈的夜空裡，搖曳著感傷的杵音，淒淒婉婉，悱悱惻惻，令人陶然心動。

這是我到布農族卡多克蘭社遊玩時候所感受的夜景及影像，斧鉞未入的原始林、幽深的溪谷，山川勝於甘靈的清流，再加上純樸無邪的原住民世界，沒有俗惡，處處是詩。

我們對於這些原住民，就算沒有很深的誤解，卻也未曾眞正了解他們。有人聽到原住民，立刻聯想到獵首、嗜殺的惡習，絕不可能想像淳樸、純潔，如詩境地的原住民，我在擔任治理原住民的工作時，不忍心這種誤解繼續存在。況且最近所謂的「文明」漸漸入侵，蠶食他們固有的風俗，令人憂心。

現在已經很難看到原住民本來面目了，他們日常所使用的絲線，以前只有自製的麻紗，現在卻有毛紗、棉紗、甚至有蠶絲、人造纖維等，特有的麻紗已漸漸消逝，衣著、型式、裝飾、花樣也逐漸漢化，很難再看到傳統的服飾了。

就因爲此，將他們那些正在消失的固有文化，加以介紹說明，該不是多餘的吧？

希望讓大家了解眞正的原住民，因此我儘量用寫眞、通俗的手法予以介紹。但因文筆不順暢，所學又不多，如果內容有所缺失，則請諸位先進多多指正。純樸、堅強的十四萬原住民也是我們同胞兄弟，希望大家能以體諒的心，多予接觸關懷，這是我最大的心願。

# 用心和他們溝通

## ——《台灣原住民風俗誌》編校序

吳瑞琴

不知道我們常用什麼角度、什麼心態看待台灣原住民，欣賞他們黝黑、深刻的五官，羨慕他們純眞、質樸的天性。亦或懾於他們粗野、凶暴的刻板印象。我想：認識一個民族，單從簡單的片面之辭，是很容易流於膚淺與不眞實，用既定的模式、預設的規範來討論台灣原住民的問題，一樣是不公平，有欠厚道的作法。惟有敞開心胸，誠心誠意接納一個民族，從他們的日常生活、原始風俗信仰去瞭解與關懷，許許多多的問題才能得到一個人性化的解答。

坊間對於探討台灣原住民生活習俗的專書有限，但近年卻有愈來愈多的人關注原住民問題，他們，一群曾是台灣土地的主人，而今或許歸屬山林、或與漢人融合：那美麗的雕刻、精緻的紡織、優美的歌舞、出草打獵……這一切彷如昨日的傳說，一個個驍勇、慓悍、善戰的民族，竟漸漸在舞台上隱退，竟是台灣目前的弱勢民族，他們不是沒有過往，更不是沒有未來，而是這之間我們給予多少的肯定與希望。

文明促使台灣原住民進入新的生活模式，同時也教導他們新的生活規範，原始的宗教信仰、單純的生活習俗，已漸漸失其原貌，無邪純眞的思想、寶貴的文化資產也一併冲入時代的洪流。文明的演繹，時代的遞嬗，不斷的更易與更新自是無可厚非之事，但我們希望這是一個自然演變、公平競爭的環境，中間沒有刻意的扭曲、忽視與不平等。

鈴木質先生的《台灣蕃人風俗誌》，是一本對台灣原住民族的風俗文化清楚、深刻描繪的專書，從各族的分布、特徵，以至家庭、生活、宗教、信仰、文化，都以生動、翔實的筆觸報導，廣而博、深入淺出的內容，實是有心研究台灣原住民的入門書。一位日本學者，且能拋開民族的優越感，潛心研究，字裏行間沒有歧視與異樣的眼光，從風俗信仰著手，深入生活核心，是一本非常有價值的重要作品，因而，我們才特別譯介出來，定名爲《台灣原住民風俗誌》，獻給關愛台灣文化的每一位朋友。

或許我們都習慣於閱讀類似〈吳鳳神話〉這樣的故事，但沒有道理的自尊與優越，斲傷了多少我們認識一個民族眞實情感與原貌的機會，鈴木質先生的大作正提供我們這樣一個線索，循著信仰風俗的軌跡，時光彷彿倒流，讓我們深刻感覺一九三〇年代原住民的質樸與率眞。相信透過《台灣原住民風俗誌》一書，能讓我們有機會重新認識台灣的原住民。

本書原有的照片因品質不良，只得捨棄部份未用，另重新配有數十幅珍貴的原住民的老照片，使讀者能在閱讀文字時，同時領略圖像之美，照片的尋找和張羅，必須感謝劉還月先生，這些都是數年來他走過無數舊書攤，翻遍許多老書，或是從朋友那不辭辛苦中尋得，不僅使得本書文圖並茂，且在關懷原住民的行動中更顯得意義非凡。

整理本書的態度是謹愼小心的，但心情却是感動的，原住民族各有其文化特色，其內容豐富、精采得令人動容，常常也驚訝他們單純而原始的動機，是那麼誠實、無邪，我想：如果我們願意，多花一點心思與精神，來瞭解一個民族的內涵，是一件令人心動且愉快的事。

# 台灣原住民風俗誌

鈴木　質／原著
吳瑞琴／編校

## 第十二章　原住民的技藝

# 1／前言

一九三二年期間，台灣的住民包括日本人（大和民族）、漢民族及原住民三種。

一般人都認爲：台灣的原住民包括高山族與平埔族，而本書所要敍述的種種，乃是針對高山族而言。

所謂的平埔族，和高山族並非同一種族，他們的進化程度較高，現在大都已經與漢民族融合了。因爲他們居住在平地，與漢族人毗鄰而居使然。

高山族人對於平埔族與漢民族努力開發平地的成果，及對鄭成功趕走荷蘭人，滿清打敗鄭氏，台灣割讓日本，政權更迭，完全採取一副事不干己的態度。火車轟轟的駛過，海上咆哮著大輪船，空中飛機翻飛……，所有的科技文明，都不曾干擾他們的生活，悠悠閒閒，秉持著數千年前的文化，蟠居在台灣中央山脈的深處，創造自我的生活天地。

他們沒有接受文明的洗禮，還生活在很原始的境地，因此日領時代，日本政府爲他們規畫一般行政區，對於生活教化、授業置產等方面，都給予許多的保護與指導。

原住民高山族共通的陋習——獵首，是祖先遺傳下來的習俗，它代表一種最高的審判；他們堅持它，就像日本人崇拜武士道精神一樣。他們視其他種族之入侵爲不吉，所以極力加以抗拒，極力避免與外界交通，於是離進化的路途越來越遠了。

日本佔領台灣後，也盡量採取安撫政策，對高山族的教化、生產、醫療等方面大力促其開發。結果在西部地區，接近普通行政區的山麓地帶住民，以及東部海岸地區的住民，已經有將近一萬人開始負擔租稅義務。另一方面，已經有人接受專科和中等教育，而成爲族人中的先覺或有識人士，共同指導同族之人。經過他們的啓發教化，高山族逐年進步，竟有競相學習先進民族風俗習慣的傾向，原本被認爲不容易達到的醇風化，良俗化教育，竟然沒有遭遇到多大的困難。

想探求高山族的歷史，則好像海底撈針，非常茫然。因爲缺乏文獻以資佐證，只有原住民的口碑、傳說而已，故很難了解其全貌。只有依靠風俗調查、考古學的考証，及人類學的研究，才能推斷台灣原住民的風貌。

以人類學來看，泰雅族、布農族、曹族、賽夏族及排灣族與馬來系統的印度尼西亞族相同，雅美族、阿美族這兩族則與加羅林群島的土著一樣，屬於密克羅尼西亞族。原住民來台，據說已有三、四千年歷史。但我們相信，在他們來台之前，還有一種眞正的原住民。因爲根據學者考察台東白首蓮以及花蓮的新社等處丘

●日人領台後，對原住民儘量採取安撫政策。

陵，發現遺存有巨石文化痕跡。兩處相距大約十五里，但遺跡的形態、附屬物等的配置情形，或附近石器的散布等等，兩處毫無區別；由此足可認定這些遺跡是由同種同系民族所遺留下來的。

在這些巨石遺物中，最引人注意的是槽型的石造物，這是一種把大塊石頭切爲長方形，並將其鑿挖成中空槽形的石器，大的可以容納幾個人，它高約四尺，長八尺餘，寬三尺多，在外側兩方各有三個突起物。而在白首蓮發掘的石槽，在另外兩端還各有兩個突起物，總共有十個突起物，這些石槽，有點類似在日本發現的石棺，但如果就此斷定爲同一種族的遺物，可能言之過早了些。

對於石槽的用途，頗多猜測，或認爲是古代酋長或貴人的石棺，樣子雖然很像，但仍然有待學者仔細地研究。

然而，在我們眼前到處散見的石斧、石臼、石柱、甚至如房子基石模樣的東西，這些巨石遺物，都是石器時代，由同一個民族所遺留下來的。當我們對這些巨石遺物加以考究後，發覺，它們與遺存在太平洋諸島的巨石文化有相通的特點，尤其在波里尼西亞群島東端的伊斯達島上面所遺存的巨石還相當多。根據這一點推測，台灣的原住民與上述地區有所往來，甚至或許是從那些地方遷移過來的。

據說幾十年前加羅林群島中之雅普島上的五位土著，共乘了一艘獨木舟。漂流到台灣東部海岸，也就是現在雅美族聚居的地方，滯留日數約爲七十餘天。由此可見，彼此的地理關係相當密切。

此外，當我們在椰樹茂盛的卡納半海邊聽到土人的交談及歌唱聲時，就覺得彷彿處身於東台灣，聽著阿美族人在樹下引吭高歌或細聲交談；兩族人的聲音是那麼接近。而且在花蓮附近某些阿美族社區裡，會舉行一項叫做舟祭的慶典，彷彿是在紀念祖先乘坐獨木舟來到台灣，他們爲展現當時的到達情景而舉行種種儀式祭典。關於這些事情，是研究雅美文化時不可忽視的重點。從以上各方面來加以推敲，究竟阿美族是不是從加羅林群島漂流過來的尚且不加以詳論，但是，毫無疑問的，他們是從別處遷移來台的。

其他各族也具有巨石文化的傾向，例如排灣族他們會使用粘板岩薄片（SLATE）爲石柱，甚至連瓦、牆壁、地板都以此爲建材。有的石柱甚至有人物雕刻，相當精美。紅頭嶼（蘭嶼）的原住民，會在住家週圍堆積卵石，幾乎像是一座城堡，在石牆上設有瞭望台，這些都是保有巨石文化的遺跡。The Megali Thic Culture OF Indonesia的作者W.J.Belly曾經認爲菲律賓島伊哥羅族的堆石也是巨石遺跡。現在的雅美族，可能是較近才遷移來台的。此外，雅美族的名稱，並不是原住民的自稱，南部的雅美族自稱爲巴古札（BAGZA），而北部的則自稱爲潘札（PANGZA），然而在他們之間，南部的人指北部的人爲阿米斯，而今竟演變成爲整個種族的通稱。

幸福的人們啊！
幸福的人們啊！
是誰叫你們原住民呢？
你們擁有所有的民族多幸福啊！
你們擁有充滿理想的社會。
幸福的人們啊！
你認爲享受太少智慧的果實嗎？
何必呢！智慧的果實吃多了何益，
原住民！有甚麼不好？
幸福的人們啊！
把山下的噪音當耳邊風吧！
生活在三千年前的仙境，
你們是蓬萊高山族啊！
幸福的人們啊！
在你們的世界裡沒有所謂的差別與歧視，
沒有階級、沒有貴賤之分？
沒有貧富不均，更沒有資本家，也沒有勞動者，
那是個平等理想的社會啊！
幸福的人們啊！

# 第一節　日本領台前的情形

原住民可分爲高山族與平埔族，高山族中較開化者爲水社及石印的一部份曹族人（大約二百六十人而已）．，然而水社的原住民亦因日月潭要開闢爲發電所，他們在普通行政區域裡，無法承受生存競爭的壓力，只得返回原來的生活族群。

台東、花蓮兩地，住在平地的阿美族進化程度較高，較爲開化。而居住在平地的平埔族在骨骼、容貌、氣質上，雖然與漢民族有明顯的差異，但他們的風俗習慣等則已經進化到與漢民族毫無差別的程度。

根據史料所載，高山族自早就蟠踞於高山地帶，而平埔族則居住於平地，荷蘭人及西班牙人所教化者實指平埔族。漢人是仿傚中國，把雲貴地方的苗族，依其馴化程度稱爲生苗或者熟苗。日本領台後，依然沿用這種稱呼。究竟這種稱呼是否恰當，很難斷定，不過對於台灣原住民，基於統治方便，也沿用這個稱呼，一九三二年「熟蕃」及「化蕃」爲一般行政區所管轄，與漢民族一視同仁，而生蕃則由特別行政所管理，（居住在台東花蓮兩地的阿美族，雖然已經被編入一般行政管轄，但採取一種變通

●關於原住民的來源，至今仍衆說紛云。

的待遇，與那一種把熟蕃與漢人同等對待的方式，又有些不同）然而，平埔族與高山族之間仍有不少相似之處，例如，強健的身體，跋涉山路之腳勁等等。但與漢民族比較起來，其知識程度較低，因此比較容易爲人所鼓動；其中不乏輕舉妄動的實例：曾經在南部一些百姓騷亂的時候，跟著附和起鬨，襲擊日本政府與派出所的，而後與討伐隊始終頑抗不服的主要份子都是當地的平埔族人。由此可以看出其性格之一斑，遠自荷蘭、葡萄牙佔據時代至清嘉慶道光時代平埔族的知識階級人士如此，更何況深居山內的高山族，可知啓導教化的工作還眞不容易啊！

爲甚麼高山族這樣倔強，有恃無恐，原因可能是各個不同的種族、部族各自擁有他們創世紀的神話傳說，每個都以自我爲中心，因此蔑視自己以外的種族，認爲受其拘束管制爲奇恥大辱，甚至於想把對方驅逐征服。況且對於過去來來往往的入侵統治者，他們都曾經勇猛抵抗過，而且屢屢成功，遂加強了他們的信心。

他們對於世界的大勢無所知曉，但他們知道

佔據台灣南部的荷蘭人待了三十八年就走了，佔據台灣北部的西班牙人待了十八年後退卻了，在全島發佈族令的鄭氏也不過二十二年就滅亡了，取而代之的清朝，最後還是放棄了。這些統治者有的使用武力，有的使用財力，想盡辦法開拓他們的地域，但高山族曾經以死抵抗，不讓入侵者得逞。台灣的森林寶藏，仍保存得相當完整，正是他們在不知不覺中維護下來的。鄭成功之子鄭經，聽說東海峰出產大量砂金，於是派了個部將前去探勘開採，但是卻被原住民迎頭痛擊，無功而退。

有一本假藉德皇名義的著作《朕在作戰》對此有所描述：台灣的中央山脈有很多金礦、寶藏，指的就是這個地方了。簡而言之，原住民盤據在自己的根據地，與窺伺它的外敵之間，劃了一道大鴻溝不讓其他種族染指。

明治七年（一八七四年）日軍侵犯牡丹社，因此滿清政府派了船政大臣兼台灣督辦沈葆楨處理善後，沈督辦處理了牡丹社方面的事情之後，仔細勘查了全島的形勢，以便著手進行理蕃政策。他認為首先要開闢台灣縱貫道路，並

●原住民自古即蟠踞於高山地帶。

達成東西呼應之便。南路從鳳山縣赤山起到卑南，另一條從射寮起到卑南；合計是兩百一十里，中路從彰化縣林杞埔（今竹山）起至璞石閣，共兩百六十五里，北路從噶瑪蘭（今宜蘭）之蘇澳起到奇萊（今之花蓮）共兩百五十里。同時準備把高山地大大加以開墾，爲此大肆開放漢人來台，對於漢人進入高山地之禁令也予以解除。在這個時候，排灣族正大肆作亂，因此他便派兵，攻擊最頑強的獅頭社以及其他族社，然後在恆春與宜蘭兩地設縣，在埔里社及卑南則置「理蕃同知」（官名），對原住民的政策耳目一新。然而因爲解除了台灣漢族住民入山之禁令，漢人與原住民間接觸日繁，進而產生種種弊端，兩者之間紛爭不斷，窮於應付。

光緒十一年（明治十八年）台灣成爲獨立之一省，劉銘傳成爲台灣首任巡撫，劉銘傳事事都採取積極的政策，尤其對於原住民的管理更是用心，他承襲沈葆楨的遺志，希望能迅速成功。

他在光緒十二年征討了大料崁前山的原住民，光緒十三年征伐了東勢角方面的白毛、阿冷兩社，十五年征伐南澳的原住民，大料崁前山、後山（高竿）的原住民。十六年十七年征伐了排灣族獅頭等幾個社，十八年則討伐了排灣族率芒社，南征北討，無一寧年，但眞正達到膺懲目的的寥寥無幾，大部份都是談和而終。唯一成功的就是對獅頭社及率芒社之討伐。

劉巡撫致力於威壓原住民。但在撫育方面也花了很多心血，光緒十二年，在埔里社以及宜蘭設置了原住民教化所，十八年在台北設置原住民學堂，設法啓蒙他們，但可惜就在這一年他掛冠求去。邵友濂接替劉銘傳的工作，但他對於原住民的管理並不重視，對於已設立的學堂都予以廢除，之後理蕃政策漸漸鬆懈，一直到日本領台爲止。

# 第二節　日本領台後的情形

在日本領台初期，採取的是懷柔政策；但是見政令難於推行，於是加以彈壓，依次平定了高竿社、瑪利柯彎社、奇拿吉、北勢、霧社、白狗、瑪列滋巴、余加羅、溪頭奧、太魯閣等地的原住民，沒收了他們所擁有的槍炮彈藥，而後布農族及排灣族等大肆作亂，因此派了強勢的警察隊加以重擊，迫使他們投降，交出槍砲，於是治理原住民的五年計畫告一段落，這中間所消耗的財物重大，約當時日幣一千六百餘萬，警察人員殉職的有一千四百三十四人，傷者三千二百四十一人之多。所付出的代價不可謂不大，不過如能讓這些化外之民全部歸順政府，提供豐富的山地資源，對於國家社會也是一大福音。

# 2／原住民的居住地

# 第一節　面積

台灣南北長一百里（三七七公里），東西最寬處爲三十六里（一四二公里），總面積是二、三三六平方里（三萬六千平方公里），而原住民的居住地，約佔一半，爲一、〇八八平方里，其中一萬尺以上的高山有四十七座，全境幾乎都爲高山圍繞。

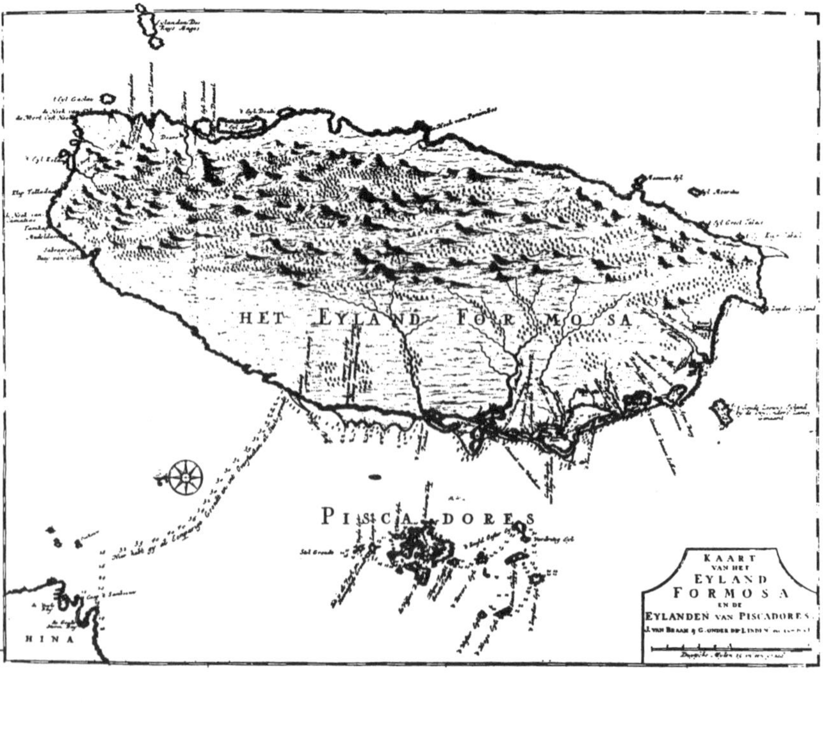


●早期的台灣地圖。

# 第二節　氣候

台灣屬於亞熱帶地區，夏季較長，但並不太炎熱，尤其是原住民的居住區，高山連綿，沒有平地，因此夏季涼爽，冬天寒冷，五千尺以上之高地，就算是夏季氣溫也在攝氏二十度左右，而冬天則降到零度以下，玉山以北的高山，一年當中也可以看到幾次降雪，南部的大武山冬天也是白雪皚皚相當壯觀。有些地方多霧，一年當中很少看到太陽。

一般說來，氣候受季風及雨季的影響並不大，與平地相比，它實在是個人間仙境，住在這兒的原住民，與住在平地的人相比，更富有生命力。

# 第三節　種族

一九三二年，台灣的住民有日本人、台灣人及外省人三種。日本人是由日本遷移來的，大約有二十萬人；外省人則以中國人爲主，約有兩萬五千人；而台灣人，在日本的行政管理上統稱爲本島人，包括從中國遷移來的福建人、廣東地方移來的粵人、以及台灣當地的原住民。原住民當中包括平埔族與高山族，而平埔族住在平地，很早就與中國來的移民同化了，他們的進化程度、風俗習慣，樣樣都與漢民族差不多，不過在體格、相貌、氣質上卻與漢人相去甚遠，合約有三百六十五萬人。而高山族

●原住民生性樸質，驍勇善戰。

分佈在東部海岸平地及其他小部分行政區域的約五萬人，住在山區的約有九萬人，一共十四萬餘人。

這十四萬原住民，其語言、風俗、習慣、容貌、骨骼，都與從中國遷移過來的漢民族完全不同，據傳他們屬於馬來系統，不管當初他們是有意遷來的，或者是漂流來的，他們之間來的時間不同，各族群也略有差異，因此現在可以把他們區分爲七個種族，那就是泰雅、賽夏、布農、曹族、排灣、阿美、雅美等。他們生性團結，只要是同一種族的人，不管所住距離遠近，祭祀及其他各種節慶活動，必定同時舉行。一旦遇到外敵，則締結攻守同盟，毅然決然抵抗到底，另外，原住民的排他思想也是令人咋舌。

有人曾將原住民分爲九個種族，但經過以後的研究，重新列爲七個種族，一九三二年以後則依此分類，以前的九族爲：阿泰耶兒（北部）、波奴霧（玉山附近）、曹族（玉山西麓）、沙利仙（旗山、屏東後山方面）、排灣（沙利仙以南）、彪馬（卑南附近平地）、阿美斯（卑南之北邊台東花蓮一帶原野）、雅阿美（蘭嶼）、賽夏（住在新竹南庄附近，或許是道卡斯之一支）。而在這九個種族當中，沙利仙、排灣、彪馬三族的體形、風俗習慣、神話傳說，以及語言方面，幾乎都是相同的。而一九三二年的七族爲泰雅、賽夏、布農、曹族、排灣（包括原先的沙利仙、彪馬）、阿美、雅美，在這七族當中，賽夏族還有待商榷研究之處。賽夏也稱爲賽雪，可能是以前盤據在新竹、苗栗一帶之平埔族（道卡斯族）的一支。

原住民的平埔族主要盤據在台灣西部一帶的平地，多年來，與漢民族相互競爭，最後被優勢的漢人所迫，不斷遷徙，最後只在山腳一帶留有痕跡。現在僅存的少數幾個部落，完全受到漢人之同化，語言、風俗習慣與漢人幾乎完全相同，只有在骨骼、相貌方面，遺留一些平埔族之特徵而已。平埔族也並非是一個單一的種族，雖然彼此間的差別不大，但從各種古書裡的記載中可發現，他們的風俗、語言各有不同。這些原住民究竟是屬於那一人種？雖然不容易斷定，但經過種種之研究，或可斷定爲馬

●台灣各地的原住民種族並不相同。

來系統。但對於原住民的歷史、遷渡來台的年代、途徑的文獻畢竟太少，所以我們不能驟下結論，但可以確定的是，他們與漢民族是完全不同的。

對於原住民的七種族，有以下的研究：

**泰雅族**：盤據在北部一帶山區，臉上有刺青。「泰雅」這個字的字義，在該族族語裡是指同族的「人」。泰雅族當中，住在太魯閣或其他某些地區的稱爲「砂迪卡」、「砂賽克」或者是「賽德克」，其實都是泰雅族的一部分。泰雅另有說成泰賽、泰洋甚至於泰淵等。

**賽夏族**：意義不明，在北部叫「賽西拉茲」，中部叫「賽細茲」或者是「賽西也茲」，而在南部則叫「賽夏茲」，根據口述傳說，在太古時代有位叫奧茲波彭的神，抓到了一個住在西爾比的漢子，撕碎了他，並將他呑入口中，隨後口唸咒文，再將他吐入海中。吐出來的東西全部變成人類，這些人就是他們的祖先，被神命名爲賽夏，換句話說是「奧茲波彭」所賜予之名。

**布農族**：這個名稱之義與泰雅一樣，意思是「人」，這是布農族人全體都有的共識。

**曹族**：「曹」在此種族裡的意思是「人」。

**排灣族**：神話中排灣是其祖先發祥的靈地，在大武山的某個高處。現在的排灣族即是從這個地方分佈到各地的。因此將這個地名，取爲自己的族名。恰利仙（砂利仙）是他們所住的地名，彪馬是一個小族社的名字。此外，這個種族受外來的影響很大，同化亦深。

**阿美族**：在他們的語言裡阿美是指北方之意。是住在卑南地方的人稱呼北方同族之人所用的字眼。阿美族是原住民中進化最早的，不過，依傳說所云，可能曾與其他種族混血，從他們的體質、風俗加以考察，約略可尋。

**雅美族**：雅美卡美是雅美之國的意思，以它爲種族之名稱。

# 第四節　原住民的分佈情形

原住民占據極樂仙境——山地。過去在他們的觀念中，任誰都不准逾雷池一步，膽敢進來者，可能就砍其頭顱，與南洋各地之馬來土人如出一轍。而其七種族的分佈情形如下：

**泰雅族**：分佈於台中埔里以北之中央山脈一帶，住在標高八百尺至五千尺的地方，大都是集體居住，偶或有散居。

**賽夏族**：分佈在新竹南庄附近山地，形成不整齊的集團部落。

**布農族**：分佈於埔里以南之中央山脈，以玉山爲中心，知本主山以北，標高一千五百尺至六千四百尺左右之處，形成大家族的形態，但也有小部落、散居的情形。

**曹族**：沿著玉山西岸下流的諸溪沿岸分佈，標高二千四、五百尺之處，大都成集團部落。

**排灣族**：從知本主山的南邊至恆春南邊，標高三千五、六百尺山地，大都爲集團部落，其中有一百數十至二百戶的集團。

**阿美族**：居住於台東、花蓮兩個轄區之平地，成集團部落。

**雅美族**：分佈於距台東海上四十九海里處的紅頭嶼（蘭嶼），僅有七個小部落。

# 3／原住民的精神

# 第一節　原住民之習性

阿美族與排灣族被認爲是各種族中最發達、最早進化的種類。賽夏族於清政府時代就介於平埔族與高山族之間。曹族居處於阿里山，傳說受了吳鳳的教誨，從此不再獵取人頭。以凶猛聞名的泰雅族，現在也已十分馴良。而最爲強悍、凶惡的布農族也大都歸化。溫馴的雅美族，本來就沒有獵首的習性。

過去恐怖的原住民「蕃界」，現在早已經不復存在，反而成了原始、純樸、探勝之地。

# 第二節　原住民的獵首行爲

原住民的獵首行爲，大部份是由於迷信，或者是受舊習的支配，當然有時候也可能是爲了政治統治，或對征服者的抵抗而爲之，但基本上，他們認爲獵首行爲是神聖、英雄的舉動，是唯一表現原住民氣慨的方式，是一種服從神秘權威的行爲。

在他們的心中，這種行爲具有莫大的潛在勢力，他們視其爲最高的道德審判，也就是神的審判仲裁，這一切是不容置疑的。當他們抱持這種信念、想法時，外界對他們的膺懲、討伐，他們均視爲惡魔的阻力，爲了維護道德，爲了他們的名譽，對於這些阻力他們不惜抗拒到底。

原住民對付外界的膺懲、討伐行動，他們可是氣呑山河、不勝不歸、非常勇猛，自認爲是正義之戰。他們說：「我們因爲時運不濟，才受此一時的壓榨、迫害，但我們做的是正義之事，輸了何足爲恥；就算一時輸了，最後的勝利仍屬於我們，就好比太陽，有時會被烏雲遮蔽，但它仍將由東方昇起，照耀著我們。」多麼悲壯的言論啊！

他們對於獵首的觀念根深蒂固，除此之外，

再沒有更高的審判，他們的道德行為同樣也是以此為基準。

●原住民認為獵首行為是神聖、英雄的舉動。

# 第三節　死而後已的氣魄

對於入侵的外人，原住民雖然自知反抗徒勞無功，反而可能遭致殺身、滅族之禍，但他們仍舊奮力以赴。原住民的名譽、尊嚴是不容污蔑的，而祖先遺留下來的土地更不容許輕言放棄。一旦社稷滅亡，有何顏面見江東父老。

原住民所居住的這些土地，是他們的祖先以血汗所傳留下來的，如果受到其他種族的迫害、侵略，當然必須以自己的力量，甚至不惜以生命來防禦保護，即使對手實力再強，也必須竭盡所能，奮死作戰，絕不能任由外人蹂躪土地，否則將無以告祖先在天之靈，任何戰鬥都必須直到槍盡彈絕，萬無對策而後已。

# 第四節　獨立自主的精神

原住民不曾受任何人的管轄，也不曾服膺於任何政治權力之下，完全是個獨立之種族，他們從不知甚麼叫做「管轄」、「服從」，所以常被視之爲化外之民。

原住民認爲他們所居住的地域，是一個不曾被征服，完全屬於他們自己的國度，他們會說：「這是祖先留傳下來的，是我們的國。」

原住民無法理解：台灣已由滿清割讓給日本，已受日本政府之統治。這種國際關係上的高深涵意對他們毫無意義；滿清是滿清自個兒的事，與他們無關，他們甚至也不承認接受過滿清的統治。

以原住民的立場來看，滿清、日本與他們之間，只是一種對等的關係，誰也不能統治誰。

日本人所謂的歸順，在原住民看來是指講和、敦睦，所以他們准許條約國的代表（日本官吏）居住於其土地上。而其所接受的種種物質純是一種貢租。這種單純的想法也表現於對待其他種族間，無論對方付出多高的代價，都是租貢的關係，本身仍得維持獨立的立場。

# 第五節　純樸的性情

與原住民相處，如果能事先做好溝通的工作，他們也並非如想像中的野蠻難以相處。在複雜的文明世界裡不是存有更多的偽善、不義、虛飾，罪惡嗎？其實原住民具有一種崇高的品性，有時甚至令文明人士慚愧。他們對於信仰，所持的就是一個「誠」字，在他們的社會裡並沒有所謂「他律性的制裁方式」或「法律規範」，而一切之所以能維持和諧秩序皆歸功於「誠」。

雖然他們的物質生活很貧困，但他們的心靈確是純潔無垢、玲瓏如玉，十分值得尊敬，就像新生幼兒般純潔，又像聖人般神聖。

# 第六節　尙武的氣概

原住民承受祖先之教誨，都富於尙武精神，男子在六，七歲的時候，父兄就會教導他射擊術，技術成熟後，就讓他瞄射樹上的禽鳥、水中的魚鼈。如果能夠命中，父兄們即讚賞其勇武，親友們也競相祝賀，投以羨慕的眼光，一個男孩如果受到這樣的鼓勵當然會愈加勤練。年齡過了十歲以後就得跟隨父兄們遊獵山野，有的即參加出草行列。他們不但練習射技，也練習刀的使用方法，往往一砍就是直徑一、二寸的樹木，尖銳無比；其他諸如爬樹或是游泳也都要學習，不禁令人想到希臘斯巴達的壯丁訓練，他們都是充滿著尙武之氣、腳力強勁、體格健壯的一群。

# 第七節　原住民的戰術

原住民依賴天時地利，屢次抵抗異族入侵。因此在山地戰方面，累積了許多經驗，經過種種磨難，才使他們獲得獨特的戰術知識。他們出而攻擊、轉而防禦，都是神速如風，令人嘆爲觀止，似乎是天生的戰士。

當他們發動攻勢的時候，主力往往是以很隱密的方式接近敵陣；另外則派出以五、六人所組成的游擊兵一兩隊，從另一個方向騷擾敵人的警戒線，狙擊、喊聲、威嚇、裝得聲勢浩大般，使敵人不得不往後退卻，這時躲在秘密處，伺機的攻擊主力則異軍衝出，攻其虛。或是另派人員埋伏在要衝路徑，夾擊敵人的支援隊伍。這些都是他們的慣用手段。即所謂聲東擊西之術。

另外，當他們看到敵人的先鋒部隊從遠處來襲時，則先把通路讓開，然後乘夜襲擊，切斷敵人與後續部隊之連絡，再伺機包圍敵人先鋒部隊，這也是他們常用的手段。日領時期，日軍曾經討伐高竿之地，在彭彭山要衝漆崎山處，軍隊及警察隊的先鋒部隊即被切斷與後方部隊之連絡，遂令日軍不得不付出極大的代價。

●原住民依賴天時地利，屢次抵抗異族入侵。

然而原住民最慣用的手法還是避開敵人的精銳部隊，襲擊武力較爲單薄的運輸單位或供水隊、炊事房、搬運物資的中繼站等。他們躲開敵方的強勢的部隊，而令對方疲於奔命，再等待機會反攻。

而當他們採取守勢的時候，必選擇險要的地點，建築堅固的堡壘，另設一、二個前哨站。通常他們會在敵人進出路口的斷崖上，埋伏大塊石頭，俟敵人通過時，立即切斷藤蔓，使大石遽然落下，這便是石陷阱。或是在通路上挖陷阱，插滿尖竹，或是搬來大樹，橫放在路上，阻礙通行。他們使用的武器，尖竹棍可分三種：長的可插入腹部，中長的插入大腿，短的大約兩三寸，把它埋在竹叢裡或落葉堆，曾有不少敵人不明究理被殺害。

總而言之，他們的戰術、作戰計畫大都是可以事先猜測到的，但因爲地形險要，山中朝夕都有濃霧，想要入侵，實非易事。

# 4／各種族的特徵

# 第一節　群雄割據的泰雅族

泰雅族的風俗是各部族獨立自主，沒有所謂守望相助的作法，他們很少協力做事，因此不具有布農族那樣的強悍個性，日領時期他們向日本政府表示順從，就是因爲他們不能同心協力，做長期的對抗使然。

泰雅族的族社，分佈於較低處，先天上稍爲欠缺勤勉性，另外他們也沒有儲蓄的美德；在各族社中找不出任何一個族社的儲藏作物足以維持一年所需。他們習慣不斷的尋覓食物，勉強渡過一年的生活，所以一旦戰爭發生或遇到天然災害，生活馬上捉襟見肘，難以糊口。

泰雅族的各族社間互不往來，甚至相互仇視，所以很容易爲入侵者所控制，所以即使各部族都相當凶猛，仍然寡不敵衆。泰雅族人凶悍，但缺乏團結力，敵視其他種族，這是他們的特性，也是他們最大的缺點。

# 第二節　布農族的活動區域

布農族與泰雅族群雄割據的性格恰好相反，他們團結一致、互助合作，也是最具勇氣的原住民。

布農族以家族爲單位，通常都是大家庭，有些甚至七、八十人住在同一住宅裡。他們擁有勤勞節儉、儲蓄的美德，每個部族的穀倉裡，經常存有兩三年份的食糧。他們的體能相當優越，幾乎超過一般人的想像，他們能扛負一百五十斤至兩百斤的重量，長途跋涉險要的山路而不以爲苦；女人也能背負重物，走數十里，甚至攀越高地。

他們居住於高山幽谷之間，如遇戰事，易守難攻，占盡天時地利。

原住民外表兇悍，但一般而言，他們通常不敢隨便走出自己的獵域，單獨進入其它原住民的獵域，但只有布農族人不僅敢而且常常侵入他人的領域狩獵。原住民其實都承襲了各自擁有自己獵區的習慣，絕不輕易侵犯別人的領域，但布農族人常常將探險者在高山上留下的旗幟和紀念物拔下，這種事情，在其他部族根本不敢想像。

# 第三節　已歸化的曹族

歷史上有名的曹族人，傳說受了吳鳳之「身教」，才矯正過去凶惡的性情，曹族過去凶悍喜歡獵人頭，他們與最勇武的布農族，相互爲敵，頑強抵抗。踏入他們的族社公廟，即可看到兩、三百個骷髏頭整齊的排列著，再觀察他們遼闊的獵區，包括玉山、荖濃溪附近和中央山脈附近，就可以知道曹族人是相當勇敢的。不過他們很早就受漢人無形之感化，較爲和馴，但仍具有某種不可侵犯的威儀。

●曹族人世居在中央山脈一帶。

## 第四節　名門獨尊的排灣族

排灣族可說是比較溫順、進化較深的原住民，但我們也不要忘了，他們在明治七年（一八七四年）引日本派兵來台，這事件後，滿清政府為了征服他們，便在各地造路，沿路並設立「防蕃線」，各處也都設有守望堡。現在仍處處可見石造廢墟，就是在那個時候稱為碉堡的隘寮遺跡，這些碉堡都是用石板建成的二樓建築，非常堅固；這樣堅固的隘寮，幾乎每六丁（舊日本長度單位每丁約為一〇九公尺）就有一棟，而每隔五、六個碉堡，就蓋有營房，在碉堡裡駐有清兵十或十五人，較大的屯營，則駐有五十至一百多人，擔任監督排灣族的工作。殘留在枋寮到恆春之間的石造隘寮、廢墟，即可看出，當時「理蕃」（這一帶是排灣族的根據地）計畫是多麼宏大，過去征伐原住民是必須付出相當大的代價，關於這一點，看看處處所遺留的千人塚（安置討伐原住民戰死者的塚堆）便略知一二了。排灣族的進化，實也經歷相當長的時間。

排灣族設有頭目，不管男女，頭目之家的長子（女）將繼承頭目之職，因此女性的頭目也不少。

●排灣族無論男女，都以多彩的玻璃彈珠爲首飾。

頭目之中，還有個總頭目統御他們，保持頭目的傳統威儀。

## 蜻蛉玉

南部的排灣族，無論男女，都以一種多彩的玻璃彈珠做爲首飾，原住民稱它爲「阿達」或「卡達」，而一般人，則稱它爲「蜻蛉玉」，排灣族所使用的蜻蛉玉色彩多彩多姿，極富於變化，每一個的形狀樣式各有不同，非常雅緻特殊。

這種蜻蛉玉，材質是玻璃，而且是鉛玻璃，利用原始的玻璃製造方法製作。

這種蜻蛉玉的形狀，以直徑、長度都差不多的圓柱形爲數最多。而長度較長，直徑較短的，稱之爲臼玉；其中也有些是棗形，稱爲棗玉；也有圓型的圓玉；有的則很像剝了皮的橘子叫蜜柑玉；另有扁平的，面上穿洞的平玉，及小而圓的小玉等，多式多樣。大小方面，則以直徑三、四分（約一公分多）的最多，其中也有六、七分大的（兩公分多），最小的不到一分（三公厘）。厚度是以三、四分的最多，長達六、七分的也有，但是短的則只有一到兩分。關於蜻蛉玉的色彩，其中有些是單色的，但大部份則好像是小孩亂調配而成的多色臘筆丸珠，有點黑濁，不太鮮艷，包括綠色、藍色、紅色、黃色、紫色、白色，混合而成的，也有半透明或者是不透明的顏色，有些是以某種單色爲基底再配上各種不同顏色的花紋，呈現非常美麗的色彩。單色的蜻蛉玉，大多是綠色、朱色、黃色的管玉、臼玉。

排灣族有三件特別的東西，是其他部族所沒有的，其中之一是「佛蘭培佳」的皮膚病、另一個是土製的壺、再一個就是我們現在論及的蜻蛉玉。根據他們的傳說：「土壺及蜻蛉玉都是祖先所傳下來的，不知甚麼時代就已經有了，至於皮膚病，則不得而知。」

因此，即使是個普通的蜻蛉玉，他們也極爲珍視，如果是上品，理所當然的就被視爲族社之寶。通常這個社寶保存在大頭目家裡的竹筐中，而竹筐的鑰匙，則在另一個大頭目的家，可見其愼重。他們所尊崇、珍惜的蜻蛉玉名爲「巴利奇」，它的形狀有管玉、棗玉等，有些是帶有黃、綠朱等條紋狀的條玉，但也有黑地帶有朱色，黃色圓形斑點的，不一而足，這些玉，大都保存在族社之中，具有悠久家系的幾個大頭目家。

排灣族自古以來就實行頭目政治，頭目是屬於世襲制，而蜻蛉玉即代表其純正的大頭目家族血統，一般普通的頭目或平民家裡是絕對沒有的，也不准擁有。土壺也是一樣的情形。他們的階級觀念非常嚴格，一般平民家連引水用的筧器都不能任意設置。

在這種被認爲是社寶的玉之外，次一級的好玉叫做「麻兒搭母郎」，它有幾個種類，因爲條紋及形狀之差異其名稱也不相同，這種「麻兒搭母郎」當中，最多的便是在黃、綠、黑、藍等底色上面顯現朱、紅、黃及青等圓型的斑點，有些則是在這些斑點周圍還有其他顏色的斑點環繞著，原住民稱它爲眼睛。形狀方面，偶而會有圓玉，但一般是短的管玉式。

接下一級的好玉叫做「牟利牟利旦」，這一種就全是管玉式的了，在種種顏色的面上，有不同顏色的波浪形條紋。或者是雙重、三重的環繞曲線，這個也與「麻兒搭母郎」一樣，因色彩之不同而有不同的名稱，有的稱爲男人玉、有的稱女人玉，以區別其貴賤，其他還有叫做「巴絡拉克郎」、「馬絡卡林」、「巴拉」、「波拉」、「馬兒奇卡仁」等名稱的，不下五十種，這些名字都是按照玉的新舊、形狀、色彩以及條紋之差別而命名的。原住民把這些玉連接成串，男女都把它拿來當首飾手環，而在這個串鍊中央，配以一個或兩個最高級的玉，例如在大頭目家串鍊中央就裝上「巴利奇」玉，而左右再安排稍爲次等的「麻兒搭母郎」玉，再左右則配以「牟利牟利旦」玉，依次按照玉的等級順序配上；換句話說，中央的最好，越靠近串鍊的打結處就越差。左右的玉，如果能大小、顏色、花紋都相對稱，則更珍貴。

在普通的頭目，或平民之家，最好的是「麻兒搭母郎」或者是再次一級的「牟利牟利旦」，將其擺在中央，以下依次配上次一級的玉，要互相對稱，且在末端配以黃色或紅黃的「普勞」、「波拉波拉」的小型臼玉或管玉，一直到結線處止。

外人只要分辨他們脖子及手上的玉，即可知道其爲頭目之家或平民之家。他們對玉的年代及數量，都瞭如指掌。從此即可了解，玉和他們的生活關係多麼密切。

排灣族自古以來還留傳一種帶有百步蛇花紋的古土器，名叫「匹拿利、格拉格拉文」，與「巴利奇」玉一樣，是一種非常珍貴的東西。何時何人傳入則不可知。

# 第五節　和平境地的阿美族

自古以來阿美族就是個和平的部落，不像其他住在高山的部族那樣凶悍、殘暴。他們與住在平地的漢人並沒有多大的差別，他們有固定的住所，有一定面積的耕地，從事於農耕，生性平和，是勤勞的原住民，他們的生活情形也很進步，有時候甚至令人難以相信他們也是原住民。

日領時代便有許多族人從師範學校畢業，擔任教師，或從高等農林學校畢業，出任公務員者。一般的阿美族人也都願意繳納賦稅。

●自古以來阿美族就是個和平的部落。

# 第六節　溫和的雅美族

距離台東東面四十九海里處，有個紅頭嶼（蘭嶼），島上住有雅美族人。他們相當消極，也不具戰鬥力，沒有火器、槍械，沒有刀，是個十分溫和的種族。他們與菲律賓巴丹島的族人在體格與風俗上相當類似，語言方面也有不少共通之處，可能是過去從菲律賓方面漂流而來的。他們現在靠農耕與漁業為生，生活相當原始。

明治三十六年（一九〇三年）美國的帆船在紅頭嶼沿岸觸礁，十個人漂流到恆春地方，其餘的則在紅頭嶼附近漂流，雅美族人發現，即奪取衣服、物品。乘上小舟的船員有四名溺斃，三個人失蹤，其中五人僥倖漂流到台灣，這個事件引起日本當局注意，於是於一九〇四年出兵討伐。

雅美族人見到了討伐部隊，立刻競相逃逸，討伐部隊抓到了一個躲在山中發抖的傢伙，沒收了槍、短刀等武器，燒毀其房屋，完成懲罰目的。從二十八日上午四時開始行動，二十九日即帶回十名頭目到台東，並把他們拘禁起來。這些雅美族人趁著夜色企圖逃脫，其中七名墜落懸崖，三名當場死亡，四名重傷（其中一個不久死了）其餘二人遁入知本山中，後來亦被警察逮捕。而原因都是想家、飲食不習慣，後來因爲他們頗有悔改之意旋即送回紅頭嶼。

雅美人聲稱他們不知道爲甚麼被討伐，又因爲何故被帶往台灣，只覺得無端地被傷害。關於掠奪遇難船隻的事，他們也不知嚴重性何在。

據其供說：當看到遇難船隻時，想去搶救，於是就划著獨木舟靠近那艘船，我們的意思是請船員們上岸，伸出手拉他們，他們竟執意要逃，我們希望他們不要害怕，但因爲語言的不通，於是想到，如果他們的財物搬到獨木舟上，他們可能會跟著上岸，但他們還是想脫逃，而我們並沒有加害或掠奪財物的意思。

雅美族人看到了船遇難，想要拯救他們，結果對方不了解他們的好意，說甚麼也不肯乘上獨木舟，而強行救回來的人，也一心一意顧著逃走，雅美人看到他們所攜帶的新奇物品，想要交換，他們卻丟棄物品，跑入山裡。

明治三十年（一八九七年），日本鳥居博士在該島居留了七十多天，調查雅美人的生活狀況，雅美人對其和善，並加以保護。而後有一支探險隊，因爲獲得雅美人親切的協助，順利完成調查，由此可知雅美人生性善良。又據說雅美人看到他們所攜帶的好玩東西，不由得產生好奇，而對他們糾纏不清，所以一行人中，有個人不耐煩打了雅美人的頭，或朝其丟擲東西，施以種種粗暴的行爲，但雅美人並沒有反抗或反以其他粗暴行爲，由此可見，雅美人所供的船難事件，或許是眞的吧！

# 第七節　中性的賽夏族

日領時代賽夏族只有十二族社，人口也僅一千兩百餘人，爲一小部落，他們的語言不似泰雅族也不似布農族，他們的風俗習慣融合漢人與泰雅族。服飾方面，男人穿痲織布所做的上衣，但褲子與女人的衣服，則採漢人的樣式。有些婦女，也模仿泰雅族婦女披掛方布，只是方向相反罷了，過去他們是不刺青的，但後來害怕被泰雅人誤認爲台灣人而加以殺害，所以也模仿泰雅族的刺青。釀酒方面，他們製做類似泰雅族的酒，也釀造台灣人的燒酒，唱台灣歌謠、拉胡琴，漢化很深，也常看到他們玩泰雅族的嘴琴、豎笛。他們沒有獵首的殺伐性，較其他原住民進化，他們的衣食住漸漸傾向於漢人的方式，固有的東西已逐步消聲匿跡了。

# 5／風俗習慣

# 第一節　家族的觀念

原住民對於與自己共同始祖的人（包括配偶），皆視為親族，並以此相互組織成大大小小的共同生活體。這種由親族共同組成的生活團體，構成社會組織的基礎，甚至所有的祭祀以及狩獵等社會性活動，其組織的成員，也是以親族團體為主；換句話說，他們以祖先崇拜為基礎，組成家族制。家族間，家長管理全家，而子女孝敬父母，父母慈愛子女，夫妻諧和，兄弟相助，親睦之情充滿家庭，甚是慈愛。

家庭之成立，或分家、斷絕關係，種種有關家庭制度之運作，各種族間皆有差異，現在我

●阿美族的女系擁有絕對繼承權。

們就各族有關家長之繼承、家族之聚居形式、以及分家等各種行爲加以分析。

## 家長之繼承

以男系的長子爲繼嗣者的包括：

**泰雅族**：由長子繼承，如果沒有兒子，則由女兒從近親中招個男子爲贅婿，繼承該家族。

**布農族**：由長子繼承，如果沒有兒子，就必須廢戶，而其遺產則由男系的親戚來繼承。

而曹族、阿美族、賽夏族皆與泰雅族相同。

**排灣族**：以長生子女爲世嗣，不管是男或是女，只要是長生，就可爲世嗣。因此不但有女戶主，就連女性頭目也不少。

**阿美族**：則是女系絕對擁有繼承權，家中男子不論長生或非長生，長大之後都必須入贅他家。家長乃由長生的女子繼承，因此戶主必定是女的。不但家裡的管理權，就連婚姻的合離都由女人主宰。如果丈夫懶惰，或者不合女方之意，女方可以把男方的東西搬出屋外，雙方夫妻的關係也就到此爲止，做丈夫的得回到出生家，或者到別的地方入贅。不過根據觀察，阿美族女性大都很溫柔，凶悍的並不多見。

## 家族同住

布農族、排灣、雅美族都是幾對夫妻聚居於一個家裡，所以有不少大家族存在。布農族尤爲明顯，甚至四、五十人共組一個家族。

但是排灣族的情形，稍有不同，主家連綿不斷地繼承香火，而分家則被認爲是另一個新家庭之成立。

泰雅族、賽夏族他們在娶妻之後就得分家，因此戶數多，人口卻不多。尤其是泰雅族，長子、次子、依次娶妻後，就會在外面另行建居，或是搬到農舍旁另起爐灶。因此等到最小的兒子要娶妻的時候，雙親也都年邁乏人照顧，於是么兒就留在家裡陪伴父母，因此有人誤以爲是由么兒繼承，其實還是由長男子繼承的。

曹族於娶妻後，小倆口必須先到岳家工作一年，然後再與妻子一起回到父母處，在自己所開墾的耕作地附近興建小屋，夫妻就在此定居，生男育女，只有在祭祀等活動時，回到本家居住幾天，因此實際上可以視爲分家制。

阿美族是母系社會，通常大家聚住一起，但是北部的阿美人，也有採分家制的，家中的女兒，由長女起依次招夫入贅，然後與夫婿一起搬出去獨自定居；由於男子多入贅他人，所以留在家中的便是女兒或是么女夫妻而已。

## 居住之房舍

建築反映時代，是文化的結晶品，觀看住屋即可了解它的時代背景及生活模式，房子的樣式，正確反映時代、種族的特性，因此我們只要觀察原住民的房屋建築，即可大體地看出它的時代背景及主人的種族特性。房子是為供人居住而興建的，而且是按照人類的生活起居而決定其樣式，那麼根據房子的造型，也就能約略了解他們在人類學上的發展過程以及生活形態了。

房子的樣式與構造，各族之間雖有所差異，但唯一的共同點就是，都不興築在地面上。例如排灣族人，房子與庭院，都是從地面下三四尺處蓋起，而房子的上半邊則露出地面，家裡設有梯子，協助上下；屋頂利用石盤石建成、或茅草、樹皮、修葺而成；牆壁不用泥巴，而是用雜木堆排、或木板圍繞，有的則是用竹子、竹片排列成，排灣族將房子的後部做為倉庫，泰雅族的房子純粹只供居住，裡面僅擺設寢具、爐子及一些炊事用具；事實上光看這些生活用具就知道他們的生活內容了，雖說是建築，其實與古代的穴居相差並不遠。

至於雅美族，他們的房子是用石頭堆砌起來的，似乎尚遺留有巨石時代的風俗。

# 第二節　姓氏

## 概說

原住民為了顯示個人之所屬，及自己的名稱，有兩種表示方法，一個是表示血統的「姓」或是表示家族的「氏」，另一個就是「名」，名字是由父母或其他長輩所命名，用以與他人區別，以免混淆。除本名外，偶而也會使用偏名，不過這種偏名，在各族都有自古傳下來的稱呼，男女有別，各自挑選使用，因此在同族同社中，同偏名的人不少。如果在同一個家族中出現同名之人，那就容易混淆，因此在本名之外，另加稱呼，也是很自然的事，這種另加的稱呼，就是要區別異人同名之麻煩而產生。因此在眞實生活上，它所具備的意義及功用與本名無異。

排灣族人，一般都把家名（氏）放在本名之下，自己及他人也都把姓氏和名一併當做稱呼使用。其他種族，雖然也有姓氏，但不會併附在名字上一起使用。

泰雅族、曹族、布農族、阿美族、雅美族們，無論姓氏為何，都會延用父母的名字，也就是把父母的名字排在本名之下當做稱呼使用，至於布農族人，當一個家庭裡有二人以上同名時，就按年齡的大小，依次在名字下面放個「大」、「中」、「小」等形容詞呼叫之。但如果同社裡，有人同名，則會在名字下面加上妻子的名字稱呼之，相當有趣。

這種偏名本來只是爲了區別同名異人而產生的，不過現在已經成了本名的一部份，相當重要，於是不論嫁到別人家去、或是被招贅到別人家、或被他人領養，都不改變此原則。也有些人在本名之外，另有綽號、別名的。

●布農族採長子繼承制。

原住民之間沒有所謂的尊稱，彼此之間直呼對方的名字，不過在各族的習慣上，爲了表達尊敬、或親密之意，通常在對方的名字前，冠以「母」字，例如「伊潘」叫做「母伊潘」，或者是冠以「他」字，例如「憂民」叫做「他憂民」，也有使用親族名稱，或冠以親族名稱的。

## 姓氏

原住民中擁有姓或具有「氏」的人非常多。

賽夏族，重視男系血統，不重視女系。承繼同一祖先的男系血族，就以同一稱號表示之，而且具有這種姓的人，只限於本族之人，其他種族是沒有的。

親子或養子，從父或養父的姓，絕不使用母姓；而女性雖然入嫁夫家，仍從娘家之姓，絕不從夫姓。

他們現在一共有十六個姓，這是在清朝時，根據原住民母音或其涵義，用漢字拼寫成的。從母語涵義的姓有日、風、高、根等；用母音的有豆、朱、夏等姓。同姓的人，即是由同一祖先傳下來的，有互相照顧的義務，但不能通婚。不過「姓」並不能用以稱呼，若要區別；則可在本名下面，加上父親的名字稱呼之。

另有一種方式也可用以表示一個人的血統，但與賽夏族的姓有所不同，稱爲家名。

氏就是所謂的家名，該家的人，使用該氏表示個人之所屬。但也有人僅僅是居住於此，即使用其姓氏。

氏有祖先所流傳下來的，但也有新制定的，數量並不一定。不過也不可以無限地增加。曹族大約有十六個家族，各家族皆有三個姓氏，所以一共有三十四個姓氏；一個姓氏分爲一戶至十多戶。排灣族的彪馬族則大概有三十八個姓氏，一個姓氏分爲一戶至五戶，都是繼承祖先傳下來的姓氏，所以不重新制定。但排灣族中的哈利仙族，非嗣子的男女要婚嫁的時候，都必須另組一個家，並重新選定一個家名，所以哈利仙族姓氏的數量無限增加，但無論如何，姓氏就是家名，在有姓氏的種族裡，一個家族裡的所有人，都必須冠以家中之姓氏。

## 名字

每一個原住民都有一個名字，名字有些是流傳下來的，有些是新設定的。

所謂流傳下來的，即是從自古以來傳下來的人名中挑選，使用的頻率高，因此有不少同名的人，曹族、布農族都是選用流傳下來的名字，因此在一個宗族裡面，就常有同名的人產生。每一個族，男女名字都會有所區別，共通的名字也有，但不多。他們的名字傳承古來的習慣，或有深意，但年久已不知其意了。

**男人名**

**植物性**：松、李、檳榔、黑柿、箭竹、筍子、甘藷等。

**動物性**：水牛、豬、熊、蜂、魚等。

**自然現象**：風、天、早晨、菜園、森林、石、池塘等。

**器具**：鎌刀、鑿子等。

**抽象性**：獵鹿、打戰、寬廣、跳躍、增加等。

**女人名**

**植物性**：桐、瓢、藍、茅芽、綠豆、芋頭等。

**動物性**：猴、雞、蜘蛛、螢火蟲、螃蟹、紅魚等。

**自然現象**：雲、雨、日、星、年、田、土等。

**器具**：水缸、小鋤頭、搗臼等。

**抽象性**：愛情、接吻、末、掃、丟棄等等。

人名通常應該從流傳下來的名字當中選擇使用，重新創作組合，一般是不大被容許的，利用母語命名取其涵意，利用外來語，如台語、日語等，則取其音，不太了解其意。

命名，並沒有一定的型式。如果根據母語，當然有種種緣由，但如果利用外來字，就可能產生滑稽的現象，例如以台語命名的泰仁（大人）、庫里（苦力）、拖飛（土匪）等；從日語取用的有「日本」「台灣」「台北」「士兵」「太太」等，有的直接借用日人名「馬路奧桑」（丸尾先生）「伊瑪伊桑」（今井先生）等等，可以看出其命名方式之浮濫。在泰雅族方面，男人可用新名，女人則不可。

# 第三節　婚姻

原住民各種族都採嚴正的一夫一妻制，重婚是不被允許的。同姓、近親之間也禁止通婚，亂倫的情形也嚴加制止。對於正式的婚姻與婚外情之間，他們區別的很嚴格，無論那一個種族，都視婚姻外的情感為罪惡，尤其是泰雅族，對於未婚男女之私通，都採嚴格的制裁手段。

阿美族、雅美族都通行自由結婚。在阿美族，女人被賦予選夫的特權，但也必須經過尊長的許可，明媒正娶。而其他的種族，尊親對婚姻都會加以干涉，必須經過長期觀察，才同意婚事。至今仍可約略看出一些搶婚的遺俗，不過就算如此，還是要獲得長輩的許可，並找媒人說親。

曹族及布農族，盛行交換婚，如果甲家娶了乙家的女孩，則乙家會娶甲家之女，這個時候如果甲家之女尚屬年幼，就贈與黑布或酒肉，做為訂婚禮品，待其成長後，再迎娶進門，有的甚至指腹為婚，我們常常看到這兩個種族中有不少的夫妻年齡懸殊，原因即在此。

賽夏族也有奇異的婚俗，就是將丈夫的姊妹，嫁給妻子的兄弟，即台語所說的「姑換嫂」。

泰雅族、布農族等，都要舉行搶奪新娘的儀

●原住民各族均採一夫一妻制。

式。男方首先找個卜夢師，占卜、挑選一個吉日，親朋好友一夥人簇擁著來到已經有婚約的女方家，強行拉著女孩的手，或推她的背，或抱著她，假裝要把她強行帶走，此時，不僅是新娘本身，她的父兄們也都極力抗拒，以免新娘被人帶走，雙方爭執一陣子後，才讓男方把人帶走。有的族社甚至認為在爭執中流點血為大吉兆，並且大肆慶祝，的確有點搶婚之風。

男方送給女方的結婚禮物，各種族都不相同，不過曹族人在訂婚的時候，送一匹黑布；舉行婚禮之後，做丈夫的要與妻子一起住進岳家，留在岳家幫忙耕作、砍柴，少則兩年，長則五、六年，不過如果生了小孩，一般都可以隨時帶著妻小返回出生之地，這種勞動服務也是聘禮之一，女方當然歡迎。

# 第四節　出生

一個種族的強盛，與其仰賴廣闊的土地、豐富的財產，還不如依靠衆多的壯丁；而且只要家族人丁旺盛，耕地生產自然就會增加，所以一般家庭都希望多生子女，十幾個孩子也不足爲奇。

不過當時因爲營養不足、衛生觀念差，所以嬰兒死亡率也很高，長大成人前，可能半數以上都夭折，所以除了私生兒、雙胞胎、畸形兒之外，並沒有墮胎、殺嬰、遺棄等惡習。

原住民略有偏愛男孩的傾向，但對於女孩也一樣愛護。他們認爲，生育是由神所主宰的，有專司授予小孩的神祇，因此有種種禁忌與祈禱的方式，祈求神祇賜予他們小孩。

一般說來，婦女都相當強壯，在懷孕期間，並沒有生理、精神上的禁忌，或是該注意、遵守的事項。不過基本上，不吃獸類的頭，以及猴子、山貓、豹、穿山甲的肉；除此之外，依照平常情形作息，除非生病，否則即使臨月也照常工作，不過會儘量避免過於劇烈的勞動。常常到了臨盆之日，還繼續耕作、織布、炊事，她們認爲多做運動，生產會比較順利。此外，做丈夫的必須謹言愼行，其他家人也都盡量避免在孕婦身旁做不潔淨的事，說刺激情感的話，重視身教言教的行爲，令人瞠目。

分娩的時候，大部份婦女並不需要家人幫忙(曹族聚落裡有專職助產士，則屬例外)。洗淨汚穢物、淸洗嬰兒、剪斷臍帶等都由產婦自己動手，但是初產者，或母體較爲虛弱者，就會有丈夫及生母來幫忙，偶而也會央求年老的婦女來助產。

臍帶是用竹片或者是茅葉來加以剪斷，男嬰的臍帶頭裝在彈藥囊裡，女孩的則放在織布機當中，不過有的則棄之不顧。胞衣則埋在屋裡或野外。

有些種族，在妻子臨盆之時，男方家族包括丈夫都要避住到預先做好的小屋去，直到分娩、嬰兒的臍帶掉落爲止。

分娩後大概一兩天，頂多三、四天，產婦就開始從事普通的勞動。倘若嬰兒是畸形、或四肢不全，則視爲不祥，嫌忌尤深，大都會立刻將其殺死，或讓他窒息而死，與胞衣一起埋葬。他們相信，一次產一個嬰兒是天理，對雙胞胎則視同禽獸，認爲是產婦或其家人未遵守古來之教訓而受上天責罰所致，是爲不祥；因此便會把其中之一偷偷地送給別人，如果是一男一女，很可能會把女嬰弄死與胞衣一起掩埋。不過現在已經沒有這種事情發生。

泰雅族人對於私通懷孕的男女，必會令其結婚。如果這男女有血親關係，或者男方已有配偶，則等孩子出生後，把嬰兒活埋，或在分娩之前將女孩嫁給別的男子，而族衆則殺豬祛除不祥。

賽夏族人非常忌諱私通之事，私生子會立即被活埋於山野間。

曹族則利用某種野草點火針灸產婦腹部，或是把野草與煤煙粉末混合煎熬，使孕婦喝下，把胎兒墮掉。

# 第五節　命名

命名的時間並不一定，有的是在出生當天，有的是在四、五天後，但差不多都會在臍帶未脫落之前命名。像賽夏族，是在四、五天後；曹族，則在四、五天內任何時間都可以；其他各地，大約是五天左右；但有些地方對於長子較爲重視，出生後馬上給予命名，其他的孩子則可能等到學會吃飯後才命名。阿美族的中部以北地方，就是幾天內甚或當天即命名，另外一些地方則是臍帶脫落後才命名，有的更晚，拖至兩、三個月後，甚至數年後才命名，亦有人過了二十歲才有名字。

布農族方面，如果做了吉夢，翌日馬上命名，如果是凶夢，則必須等候吉夢出現。如果長子、次子都死了，那麼生了第三子也不能馬上命名，必須等到第四子出生後一起命名。

一般說來，在沒有命名之前，都用「小弟」、「小妹」稱呼之，命名者，無論是母系或父系，大部份都由婦女充當；實際上由母親命名的較多，不過也有由祖母，或姑姑擔任的，但有些地方則由父親或父母共同商議。命名並沒有特別的儀式，只是給個名字，祝福小孩順利長大成人。然而無論什麼事，都以鳥卜，占其吉凶，而後決定做與否，不敢冒然行事。

命名者的任務，即是選定名字，雖沒有特別的禁忌，但習慣上會避開父母、兄姊的名字，以免重複。

另外，本名僅量避免使用醜惡的字眼，此乃人之常情。命名的方法，並不一定，大部份是在不太慎重的動機之下命名，以承襲祖先的名字爲最多。不過阿美族人常常以出生時所遇到的事象來命名；例如：正在釀酒則取名「拍阿」（酒），剛好抓到魚回來就叫「布朗」（魚），如果碰上收割粟仔（小米）的時節就叫「巴以」（粟），正逢割稻的時候則叫「得不斯」（米）。這些例子相當多，不勝枚舉。

●阿美族人常以出生時所遇之事項來命名。

# 第六節　家庭教育

原住民對於胎教頗為重視，但孩子出世後，卻不怎麼關心，而且對於養育兒女的知識也相當淺薄，可能因為這個原因，嬰兒的死亡率非常高。

對於這些經過自然淘汰後長大的男孩，他們的父兄，從小就授與製作家具等手工技藝，或是帶到山谷、河邊，教授漁獵方法，藉以鍛鍊身體。到了十二、三歲，有些種族會把相同年紀的小孩集中起來鍛鍊體力膽識。但是對於知識的傳授，則完全忽略。如果小孩提出問題，往往斥其為「嚕嗦！」不予搭理。

女兒則是由母親或姊姊教以紡紗織布、裁縫等技巧，或帶到田野裡教授耕耘之事。而祖父母、父母、兄姊等都會口傳他們社會的規制、族中的禁忌、偉人勇士的英勇事績、及獵首的勇壯情景，以勸勉、激發他們奮勇不畏艱險的精神。

# 第七節　原住民的胎教

原住民對於小孩的教育漠不關心，當小孩好奇的問：「這是甚麼？」往往會被大人斥為「嚕嗦！」。可是原住民卻很奇怪的會施以胎教；當然，他們並不了解胎教的必要性和重要性，只是順其自然而行。

雖然原住民胎教源自迷信，但對其奉行之謹慎，著實令人驚訝。當婦女懷孕的時候，就得遵守種種禁忌，接受神的旨意，其中有許多是相當合理，且合乎人道的。

一、懷胎四、五個月後，就得避免夫妻同床。

二、懷孕後的夫妻，言行要謹慎，並尊重長老，不可罵人或大聲言語，且不可說謊。

三、不只是夫妻，就連家人及其他的友人，也不可在孕婦旁邊說不乾淨或刺激感情的話。

以上所列舉的是較為重要的規制，這些從他們的信仰中所發展出來的禁忌，自然演變成胎教，我們可以發現，對於胎兒的影響著實不小，是一種值得鼓勵的行為。

# 第八節　兒童的遊戲與玩具

每個不同的種族，有不同的兒童遊戲與玩具，不過像陀螺、弓箭、竹槍這類的玩具則是各族都有。到了山林野外，他們以弓箭射鳥，到了河邊則射擊魚鼇，爬樹、游泳、角力、賽跑。其實這些並不純粹只是遊戲，而且有助於射擊技術之進步、身體之鍛練。父兄們對此也極力加以鼓勵，實在不亞於往昔斯巴達的訓練情形。尤其是泰雅、布農、排灣族的男孩，最喜歡模擬獵首行動及戰爭狀況，甚至分組結隊在野外演練，有時候成年人也會出面加以指導，可以想像他們是多麼認眞！經由此種方式，得以訓練膽識、鍛鍊四肢筋骨。遇有戰事，就算孩童也應參與。過去南澳原住民與雞頭社曾發生戰事。當南澳族人砍殺了雞頭社的十七個首級回社時，就連那些剛剛懂事的小孩，都很高興地出來迎接，撫摸那些戰利品。由此可知，平常他們的訓練是多麼嚴謹、認眞。

# 第九節　成年的資格

泰雅族的男子，是以「獵首成功」作爲成年的象徵，當然現在已經沒有那種野蠻的習俗了，而另外設有替代辦法，即出外打獵，如果獵到鹿、羌、山豬等，則視同獵獲人頭，享有與獵獲人頭同等的榮譽。這個時候，就可以在額頭上刺青，被族人公認爲成年男子。過去女孩子能熟練紡紗、織布等女紅，便在面部刺青做爲表彰。一旦女孩有了月經來潮，就被認爲長大成人，即在額頭上刺青，結婚後再在面頰兩邊刺青。但現在的青少年已經沒有刺青的習俗了。

布農族及曹族的男子到了十八歲，熟悉了狩獵及農耕之後，在祭典之日，該社的頭目或長老便會將已具成年資格的人，向社中公開介紹，宣佈他已成爲壯丁，並幫他戴上皮帽。從此以後，他就可以戴帽結髮了。這種儀式大都在集會所舉行。

排灣族與阿美族的青年，一旦被認爲具有成年資格之後，就可以吃檳榔，正式加入青年的陣容。

# 第十節　自治的刑罰

無論那一個種族，對於社內族人的不法行爲，都會科以刑罰，可能會被科罰的罪惡種類如下：殺傷、放火、侵占、竊盜、詐欺、私通（通姦）、名譽損害、背約、違犯舊習等等，一旦發現此類罪嫌，頭目及長老們先聚會，討論罪狀的輕重，然後按照古來的慣例，議定科罰，然後當面告知犯人，執行科罰。然而像泰雅、布農、曹族，過去對於殺傷、毆打等行爲的科罰，近來已改用賠償金或物品來和解。關於科罰的方法，輕重程度各種族、部族都不相同。

**泰雅族**

**殺人**：不論是故意殺人，或過失殺人，都得給付被害者珠裙（據說是四千兩百餘年前，禹貢時代就留傳下來的織貝，也就是貝殼做的織物，現在已經慢慢貶值了，是泰雅族通貨的一種。）十件到三十件，以示贖罪。

**私通**：沒有配偶的男女一旦私通被發現，頂多要他們提供一頭豬，宰殺設宴，意即袪除不淨不祥。倘若此通姦行爲被發覺的前後，社內發生凶變，有人死傷，這兩個私通的男女則要負擔扶養費；這是因爲私通的男女，觸犯了神，而招致的災禍。如果出外打獵，收穫不佳，他們也會認爲可能是族內有人行爲不當，觸怒了神靈。如果我們聽見他們的交談中出現：誰家的豬被吃了，或某人也曾經提供過豬隻等等，就是指此人私通的行爲被發現，所處的科罰。

## 曹族

**竊盜**：在祭典之日，頭目及長老們，會把犯人拉至公衆面前，厲聲責其不是，被害者則上前踢打一番，勒其交出所偷竊之物，否則以其他物品賠償。

**通姦**：如果通姦被丈夫發現，頭目及長老就出面懲誡，抓扯姦夫的頭髮，毆打其背部，而後用樹枝輕打姦婦的臀部，然後一併交給其丈夫，丈夫再鞭打其臀部及全身，直到有人出面說項制止爲止，痛打之後即離婚。因通姦仳離的女人，在該族是不允許再婚的。

## 阿美族

**毆打**：如果被打成輕傷，被害者的親戚會向集會所申告，要求加害者提供豬一頭。如果因受毆打而成殘廢，則會要求其賠償水牛兩三頭。如果被打致死，那麼罪犯就得放棄所有的家產、牲畜，投奔到他社去。而他所留下的財產歸被害者家人所有。如果罪犯不肯離開，社衆會強行驅逐他。

## 雅美族

中國文人，把雅美族與「葛天氏之民」相提並論。然而實際上，竊盜、詐欺、通姦等犯罪事件也略有耳聞，只是程度較輕罷了。過去也曾發生拾物不報的事，結果將豬、山羊、裝飾品等都予以沒收。另外也有人違背社中之舊習，而被當衆毆打科罰，但是如果能因此而杜絕犯罪，那也值得了。

# 第十一節　疾病

原住民常患的疾病包括：瘧疾、感冒、腸胃病、赤痢、氣喘、痔瘡、肺蛭、皮膚病、眼疾、牙痛、疱疹、下體潰瘍等，梅毒、肺結核、天花則較少見。在布農族、曹族的聚居地及泰雅族的一部份地方（馬利可灣及桃賽地方），卻有不少甲狀腺腫患者，甲狀腺腫發生在頸部，患者以女人居多，大的瘤甚至像人頭這麼大，可能是一種局限於高山地帶的風土病。

曹族的泰巫拉亞群，有一個傳說：當他們的祖先與布農族作戰的時候，獵到了有這種怪病的頭顱回來，甲狀線腫從此就在社內到處傳播流行，而布農族人也將它視為傳染病，對於有這種怪病患者的家庭，都避免與之結姻親，甚至在酒宴的時候，拒絕與之共飲。而且他們認為這是一種不治之病，放棄治療。原住民對於一般的疾病，都會央請巫師做法袪除疾病，唯此不然。

原住民患了病痛，都會按照古來慣例，採些草根木皮等，加以煎熬服用，或是把它搗碎貼在患處，此外也會招請巫師來祈禱作法。不堪其苦者懺悔舊惡，自動向社衆提出賠償，以乞求痊癒。因為他們認為這是獨犯了神意、或為死靈纏身所致。

對於罹患肺結核，天花等傳染病的族人，會嚴格地加以隔離。

原住民所用的藥草，種類繁多。

**腸胃病**：煎熬葛根服用。

**疽瘡**：把山百合的根搗碎，敷在患部。

**眼病**：將芭蕉葉或者是桃葉煎熬，用它清洗眼睛。

以上都是些很簡易的治療法，而流行瘧疾的紅頭嶼（今蘭嶼）雅美族人，在發熱的時候，就會浸浴在溪流或泉水裡，以冷卻全身，傷寒發生時則生火取暖，方法簡單、原始。不過如今他們也慢慢覺醒，不再採用巫師作法的方式，而改以接受文明醫藥的醫療，因此原住民療養所裡，接受治療的人接踵而至。

●原住民對於一般的疾病，會請巫師做法祈禱。

# 第十二節　喪葬

關於葬禮、服喪，各種族間並不相同。在泰雅族、布農族、曹族以及部份的排灣族，都會把死者埋在屋內，有些種族甚至就在屋裡規劃出特定的葬處，有的即埋在死者生前病床的下方，形形色色，不勝枚舉。墓穴大約三台尺平方，深約四台尺，在墓穴底部，四面砌上石塊，屍體放下去後，用土掩蓋，最上層用扁石蓋之，然後再用土填平，直到與地板同高度爲止。

部份的排灣族人和雅美族人，則在野外設有固定的墓園。雅美族人還會在墓園的四周栽種樹木。

阿美族則是將死者埋在住家前面或後面的空地上。

而不管是那一族，都讓死者穿著禮服，並且把遺物予以陪葬。

泰雅族方面，如果死者是男人，則以槍做爲陪葬品。

部份的泰雅族人，如果家裡有人死亡，就會把舊房子遺棄，另覓新宅。尤其是有人死於非命，或陸續生病時，則一定要搬家。不過對於橫死在山野裡的人，只能將屍體就地埋葬，不能帶回家來。

他們重視人倫的態度，可由其服喪期之長窺其端倪。

泰雅族人，當家裡有人去世的時候，一家人便聚在家裡哀號並不准出門（女人出門挑水是有的），也不洗澡、不梳妝、不吃肉、不喝酒，除了寢食以外，甚麼事都不做，充分表現哀戚之情。過了一至三星期後，死者的配偶及直系親人就穿著粗服，到郊外哭喊死者的名字，就如同對待活人一般，這就是所謂的送魂儀式。至此，服喪算是完畢。但有人因爲悲傷過甚，一兩個月內，甚至半年內仍處於服喪之痛，服喪的時間，因親疏遠近而不同，丈夫過世，妻子將頭髮剪去，埋在丈夫的墓側，或夾在牆壁之間。

丈夫死後一年，再婚是被容許的，但如果在丈夫去世兩三個月後就開始裝扮出門，是會被人取笑爲不懂節義的。

在布農族的社會裡，如果有人過世，無論尊、卑都會擁其枕頭，訴說永別之辭。據說哀切之音，令人不忍卒聽。家人便會停止工作五天，蟄居於家中。親戚、宗親等，會相互送些米、粟以及蔬菜等到喪家，所以雖不出門，三餐尚不至於有困難。五天之後就可以出外農耕，不過服喪時間仍要維持三十天。

曹族服喪的情形，對於尊長是五天，對於卑屬是三天。這期間蟄居在家，情形與泰雅族、布農族一樣，而且遺族們在作忌的前三夜，會臥在墳墓上，表示哀悼之意。

泰雅族的共同祭祀團體中如果有人過世，就休業一至三天。曹族則休一天，而且之後的五天不能出獵。布農族社中如果有人橫死，則全社服喪一天。

排灣族有一種類似袈裟的喪服，以及直徑約六、七寸的喪笠，忌中必須加以穿戴，言行舉止保持謹慎。對祖父母、父母以及丈夫的守喪期，大約要五個月；對兄弟姊妹則大約是一個月；但也有對於尊長親屬服喪長達一年者。

雅美族人中失去配偶的人，大約在一年裡都不參加集會、宴會等，有人服心喪長達兩年之久。不但是喪家這麼做，連他們的鄰居，也在三十日內，盡量不參加宴會、舞會，非常有人情味。

# 第十三節　團體及其首長

## 團體

台灣的原住民族，每個族群都有各族特有的團體組織。

### 泰雅族

一、共同舉行祭祀祖先的團體，也就是以血親關係聚集一起舉行對祖先之祭祀。

二、分配獵物的團體。

三、分配制裁命令所提出的物品，將豬宰殺分食的聚會團體（現在大部份是拿回家與家族們共享），這種團體總稱爲「噶噶」。

「噶噶」，是一種血緣團體，由族社中有宗族關係的家與家所組成。一般是由同血統的一族所組成，這一團體裏的人原則上不能通婚。但如有遠親或從他族前來加盟的則屬例外。「噶噶」的組成少則兩三戶，多達幾十戶，也有單獨一戶孤立的例外情形，在一個「噶噶」裡，如果沒有男人，或者都是些老幼廢疾者，則乾脆就與其他「噶噶」合併，另有少數人是從其他地方遷來的，無法獨立組成一個「噶噶」，就合屬於其他的「噶噶」。

因此在一個「噶噶」當中，也可能包括宗族以外的人。「噶噶」所屬的基本成員如果到另處去，就會與本來所屬的「噶噶」分立，另組一個「噶噶」，而這種合併分立都必須獲得族長，也就是馬拉荷（頭目）之承認才得以實行。而且必須依照規定，宣誓並繳納禮物。在此以後，這些人就要共同對祭祀擔負義務了。關於「噶噶」的組織及涵蓋範圍，各部族間多少有所差異。不過大致而言，它是一個小而強的團體，都設有族長（馬拉荷）通盤管理照顧。日領時期每一個族社，原則上只有一個頭目，而且是官派的；因此，無論一個社有幾個「噶噶」，頭目卻只有一個，但是如果按照舊習，每個「噶噶」應各有一個頭目才是。官派的頭目，他的勢力無法影響所有「噶噶」的運作。不過，被官派的頭目，一般說來都是聰明、有權勢的。現在，如果一個社裡有好幾個「噶噶」，就從各「噶噶」的馬拉荷中挑選最負聲望者為頭目，其他的馬拉荷則稱為勢力者，這些「噶噶」，是為了實行共同的祭祀、狩獵而組成的團體，因此同一「噶噶」的成員在同一天進行祭祀，必

●泰雅族的社會組織相當嚴密。

須嚴守祭祀上的禁忌，而主持人永遠是馬拉荷。不同的「噶噶」也許會在同一天舉行祭祀，但彼此間無任何關連。所有的「噶噶」都必須遵從既定的祭祀規則。雖然現在一社裡僅設官派頭目一人，但實際上各「噶噶」的馬拉荷都維持有相當的勢力。他們有時候把以狩獵為主的「噶噶」稱為利坦，這個字的涵義是指「獵」。利坦意指狩獵團體，屬於「噶噶」的一樣，不過一般仍直稱「噶噶」。其成員在狩獵方面共享獵場，出獵的時候也採取一致的行動，因為在平時就已經是一個有組織的狩獵團體，因此一旦戰事發生馬上成為一個戰鬥單位，對外採取共同的軍事行動；獵首的時候，大致也都是由這個團體來策畫、實行，若沒有這個團體參與計劃，則很少有單獨的獵首行動。

打獵的時候，除了參與行動的獵人們可按比例收取一些所得外，其餘的獵物，由全體團員們平均分配。「噶噶」的成員即使沒有親自參加狩獵，但仍有分配獵物的權利。

哈鸞（柏哈鸞）是聯合所有「噶噶」共同進行某種行動的一大團體。原住民的生活情形，有時候是和平性的聯合會議形態，但遇有緊急情況則變成攻防同盟，為戰鬥採取聯合行動。哈鸞彼此之間雖也有臨時結合的情形，不過這種大團體畢屬少數。因為地理上的共同利益或歷史上的淵源，而互相承認對方為哈鸞，哈鸞的範圍，有時候是一部族當中的幾個社與幾個社的結合，或是由甲乙等兩個部族組成。哈鸞是一個合議團體，必須各「噶噶」的馬拉荷，集合起來會議，而將此共同的決議當做哈鸞的決議，每一個「噶噶」獨立成為一個戰鬥單位，但各「噶噶」必須聽從總馬拉荷的指揮而行動。

## 布農族

布農族的組織，大體因以下幾種需要而組成：

一、一起進行祖先祭祀的團體。
二、共享領域之內權利的團體。
三、因習慣之一致而成的團體。
四、攻防同盟的團體。

嚴格說來，布農族並沒有統合的組織機關。只是遵從老傳統而結社，但其組織很堅實，遇有情況，互相呼應退敵，聲勢相當驚人。

**排灣族**

族裡至今仍有歷史傳承留下的名門、大戶，具有封建時代爵主的權勢，不但向其屬衆徵收租穀，也要他們繳交部份獵品，不過現在已經成爲純粹的租貢，不論買一個小盒子、或一疋布，都要讓他們繳納稅金，在這種名門大戶管轄之下的部族，就是一個團體。在清朝把這些首領區分爲大股頭人、二股頭人、三股頭人、四股頭人等四個階段。純粹只是大頭目之意，並沒有其他涵意。現在這種爵主型頭目與其屬衆的關係，雖然已經漸漸變薄弱了，但仍有不少人依然保持支配權。另外其祭司也是世襲制，在祭典時具有某種權威，一個部族的社衆受其指揮進行祭典，換句話說前者是以傳統習慣爲依據的團體，後者是共同祭祀的團體。

**阿美族**

一、有關祭祀的團體。
二、有關狩獵的團體。
三、勞動合作的團體。

他們的狩獵團體，與其他種族相較，則顯得較小；一個社爲一個團，也有把一個社分爲幾個小獵團的。

**雅美族**

雅美族是由七個部落所組成，一個部落等於一個社，並沒有祭祀團體或獵團等組織。

**曹族**

曹族的情形大致與布農族相同。

## 首長

各種族都有頭目存在，他們的主要任務是辦理對外事宜、調解社內糾紛、傳達官府的命令、處理社務、懲誡犯罪者等等。

**泰雅族**

頭目是從血族團體的族長中，推舉最爲優秀的人接任。因爲他的權勢高，其他人自然聽命於他，因此頭目有指揮權。

**賽夏族**

擁有才能及權勢者，衆望所歸，頭目當然非他莫屬。

**曹族**

推舉有家世背景的長者擔任頭目，而且是採取世襲制。

**布農族**

由同姓中的長者擔任此職，可說是世襲制，擔任同族中的族長（馬拉拉伊軋兒），萬事都歸他指揮監督。

**排灣族**

由名門大戶所世襲，不論男女，都由長生子女繼承，因此女性頭目並不稀奇。

**阿美族**

由社中衆人公開推選，大體上都是有才幹的人來充當，但因爲實權爲元老所掌握，所以皆以元老的推薦爲主。偶而也會有人非自願性地被大家推舉出來，有時候也有毛遂自薦者。

**雅美族**

通常是社中的名門望族被推選擔任此職，一般是採取公選制，方式如下：本族的社民階級分爲頭目、總代長老、長老、壯丁四種，要選任頭目的時候，總代長老與長老等會預先協議，挑選適當的人選，待獲得社民全體同意後，再把這件事告訴被選上的人，請他接受。這時被選中者一定會再三懇辭，最後才勉強答應，並且聲稱「若非獲得推薦人的支援及指導，我眞不知如何勝任，請大家多多幫忙」等客套話。然後對於社內總代長老以下的年長者，發出邀請「今天在家中準備一些煙草，請大家務必光臨」，時間一到即備妥酒菜恭候客人光臨，來賓看到開宴事宜已經準備妥當，於是正式懇請擔任頭目之任務，這時候，做主人者才正式承諾，主客盡歡散會，這是自古以來的習慣，也是一種儀式。

# 第十四節　土地佔有及獵區

一個家庭興盛而成爲部落後，成員們自然就成爲一個血族團體。在各社中，雖有幾個社採取共有土地制，但大部份都是各自領有土地，很少有廢棄的土地。北部泰雅族的土地所有權，屬於社衆全體，分割、開墾之後，才成爲各家的私有土地，南部排灣族採用黨制，黨的頭子，也就是頭目，領有土地，其他人只是以屬下的身份來使用土地，所以不能任意私佔土地。他們耕作居住的土地都歸頭目所有，所以需要負擔地租，繳納租穀即是一例。不過現在的年輕人已經覺醒，因此租貢這一類的事情比以前少了，大家對於納租的事，有了比較合理的協定。

領地的界線，大都是利用分水嶺（山脈）、溪流等自然地形來劃分，但北部泰雅族戶口少，土地卻很大，因此到現在，還無法訂定正確的界線。

原住民對於土地的佔有慾非常強烈。他們確信土地是他們祖先開拓獲得的，所以必由子孫代代相傳，倘若有人想侵佔，當然得不顧一切地起而抗拒，不能讓敵人越雷池一步。過去他們不服清朝政府的命令，日本領台之後，對於

●原住民對於土地的觀念非常強烈。

日本政府設置的警備線也極力反對，就是起因於這種精神。

過去狩獵與農耕一樣，甚至比農耕更爲重要。他們認爲，農耕是嬌弱女性的工作，而狩獵才是勇壯、富於男性氣慨的作爲。在往昔原始森林繁榮茂盛，因此獵物也多，是有利的生活條件。但近年來森林減少，兼之濫獵的結果，野獸漸漸消跡，狩獵成績已大不如前，況且火器也已經全部被沒收，打獵的時候只能依靠官府所貸與的槍。所以原住民漸漸著重農耕生活，而且家畜的飼養又可以補充獵物的不足，益發覺得冒著危險在山野中奔波，不如自己畜養家畜實在，所以一般人都已經把重點放在農耕。一些已經農民化的南方部族，一年當中，聯合舉行一次或兩次的共同狩獵，追思往昔狩獵的風俗。本來，狩獵這種活動既是生活之道也是娛樂活動，與祭祀、戰鬥、出草同樣重要，是男人最嚮往的活動，因此有自古傳下來的獵規，無論是團體狩獵、單獨狩獵都得遵守。團體狩獵行動在獵期、獵法、行賞、獵物的分配等等都按照規矩進行，尤其是共同狩獵這項工作，是一項公共事務，社衆都有義務參加，有些種族把它當做鍛練身心的好方法，並視其爲與軍事行動一樣神聖重要，因此免不了有一些禁忌，其中比較重要的有：

一、家裡發生不祥或不乾淨的事不出獵。

二、出發之前，根據鳥卜、夢卜、籤卜等占卜吉凶。

三、在出獵路上，或折返途中，注意各種現象，有時候舉行厭勝（用咀咒、或巫術鎭壓之）。家人也同樣遵守禁忌，不熄火、不織布、不觸摸麻（絲），甚至也有絕食者。

獵物大都以鹿、小鹿（羌仔）、山豬、猴子爲主，熊、豹、狐狸、兔、山貓、穿山甲、雉雞、斑鳩、鷹等次之，肉當食糧，皮做成衣服、墊褥，也可用做交換用品，至於鹿茸、猴骨、穿山甲、熊膽因爲可以當藥材，所以專供交換之用。

或許是因爲迷信之故，對於某些鳥獸不予獵捕，有些地方在某一特定時間也不出外打獵。獵具則以槍爲主，也使用手操槍、擲槍、弓箭等，當然也有埋設陷阱等方法。

共同狩獵時採取吶喊、火迫等方式，單獨狩獵的時候，則可以自由行動，但不能放火迫燒。這時候獵狗可以幫忙抓獵物，也因此他們視狗如兒女，讓他睡在床邊，並且善待牠，但是他們又認爲狗兒吃飽了會不工作，所以不大給飼料，隻隻瘦而精悍，好像隨時要出外捕獵似的。

# 第十五節　衣、食、住

## 概說

原住民的衣食住，全部都是自給自足。各個種族，都生活簡單且富於野趣，人工調味品很少，是一種原始的生活步調，食鹽、洋火、鐵器等都在交易中換得。曾經有人以砲彈碎片，鍛打成刀珍藏，不過少之又少。

他們對於食物味道的要求不高，有時候甚至白水煮野菜也吃得津津有味，有時候吃肉不用鹽巴。衣著方面也不求華美。以茅草屋避風雨，勤於耕織，不虛榮，不羨慕名利，安於平淡的生活。但他們卻也常常遭受飢荒、流行病的疾苦，疲於生計。

原住民雖然一年四季努力狩獵農耕，但還是常常不得溫飽，水旱災來了，沒有防治補救之策；流行病侵襲時，也不知如何醫治，只能認爲那是神的旨意，每天戰戰兢兢，沒有一刻安寧，他們的一生常處於匱乏的環境，無奈的心境可想而知。

## 泰雅族

### 服飾

●泰雅族人的傳統住屋。

泰雅族的衣服，大致有七種，包括筒形袖、背心、方塊布、胸甲、綁腿、短褲、雨衣等，男女服裝的裁製各有不同，男子戴帽子，女人則綁頭巾，綁腿也是女人用的。帽子是用藤條編成，分爲有帽舌及沒有帽舌兩種，其中有些人以熊皮（脖子有半月型白毛的部份）或陶繩做爲裝飾。

裁製衣服的布，是各家紡織成的麻紗，大都是白底、暗褐色的直條紋，但是太魯閣地區的原住民偶而使用綿紗或毛織品經緯交織的布。而染料方面採取樹根的暗褐色汁液製成；如果希望它帶些黑色，則加一些煙煤汁。布中混雜有一些紅、青、黃等的色紗，是交換而來的，此乃衣裳的專用布。

腰圍的部分，使用正紅的毛紗以斜紋織法織上去。

裝飾品方面有頭環、耳飾、頸飾、臂環、手環、戒指、腳飾等八種。而其材料，包括豹、山豬、鹿、羌仔等動物的牙，黃銅做的小鈴、螺製的小管、虎頭蜂的頭、動物的尾毛、菖蒲草的根、漢人的辮髮等包羅萬象，有的則將人牙綁在頸飾上面，或將幾十根辮髮當做腳飾，都是用以顯示、誇耀其獵首的收穫。

另外還有禮服的裝扮。

## 飲食

比較接近平地的泰雅族，是以陸稻爲主食；但住在深山的泰雅族則以粟黍、蕃薯爲主食。米與粟分爲粘性、無粘性兩種，用臼搗打，除去表殼，煮成乾飯或稀飯吃。祭典的時候，則常把它做成餅；旅行的時候，必定把餅當做便當。不論乾飯或稀飯，都是冷卻後用手抓著吃，不用筷子、湯匙等用具。蕃薯是用蒸或烤著吃。高梘、馬利可灣等部族過去都以蕃薯爲主食。以前，一天吃兩餐，經觀察他們穀物攝取量，平均米食二十%，粟十五%、蕃薯四十%、芋頭五%、雜穀二十%左右，後來則漸漸改採三餐制。至於副食品，獸類方面有熊、豹、山豬、鹿、猴、山羊、穿山甲、山豬、兔、羌仔、小牛、家豬肉等；鳥類有雞、山雉、斑鳩、竹雞肉等；魚類方面有鯉、鯽、鰻、鯰香魚、石斑魚、蝦、蟹子、鼈等；蔬菜方面以花生、大豆、小豆、大角豆、苦瓜、絲瓜、南瓜、芋頭、薑、筍子、藤的嫩芽等爲主。他們捕獲獵物，首先將其頭顱割下，把身體的血從切口放盡，然後用小刀開膛，取出內臟，然後剝皮，切斷四肢，再把獸體直剖爲二，細分成若干小塊。像豬、山豬等連皮吃的獸類，則不剝皮，而毛則是用火燒除。穿山甲則活生生地丟入滾水裡，去其鱗片，連皮帶肉切開。

鳥類、魚類的肉則用滾水煮開，加些鹽巴，與湯一起吃。血是在未凝固之前生飲，清朝時稱原住民「茹毛飲血」或許即是這個原因吧！腦及內臟，大多是沾著鹽巴生吃，有時候也會煮熟了吃，有時候製成原住民獨有的飯漬（把米飯或者是粟飯放冷，混些鹽，然後把肉摻雜在裡面，過一兩天後吃食，據說有一種臭味，但他們卻吃得津津有味）。螃蟹及蝦等則生吃，或是連殼一起烤著吃；豆類則煮炒皆可。

蔬菜類則用水燙，或加鹽煮湯吃；薑等東西就浸沾著鹽巴吃。他們所栽種的果樹有梅、桃、李、橘、枇杷、橙、芭蕉等，他們也吃野生草莓、桑椹、茄苳子等東西。做糲糬的時候，常把芭蕉果混著米粟一起搗。他們的酒是把米或粟蒸熟後釀製成的，在缸裡釀成後，立即以竹杯舀起來飲用；醅酒所需要的酵母，大都是使用交換來的白釉，但深山的原住民，會使用藜果子，或由婦女嚼碎米或粟，混以一些唾液，放在筒裡面，緊緊地加蓋，吊在爐灶上，四、五天後成爲酵母取出來使用。不過最近，無論何處山地都能進行交易，隨時可換取燒酒、米酒，因此自行釀酒的情形已不多見。

自己栽種煙草，收成後使之陰乾，視其需要拿出來揉碎使用；煙管是利用竹根頭部自行削製而成，有的形狀酷似水手煙斗。

飲用水方面，是使用溪水泉水，用長竹筒盛裝帶回家，存放在缸裡，也常常利用竹子或蛇木，由高至低把水引回家。

## 房屋

泰雅族的房屋是長方形的，寬約十六尺到三十六尺，長約十尺到二十尺；先將地面挖深，然後豎起柱子，地面全是泥土鋪造，屋子的四個角落設置床鋪，兩個床鋪的中間有爐子，有

●泰雅族婦女的裝扮。

些人會在室內的某個角落設置一個小儲藏處，溪頭、南澳、西加姚、沙拉馬奧、白狗、馬裂巴及萬大等處的原住民住屋，是從地面向下挖掘三、四尺至七、八尺深，挖出淤泥土堆積在房屋周圍，成爲土壘，他們認爲這樣子就可以防禦外敵，屋頂是用竹子、茅草、樹皮及粘板岩所砌成的；牆壁是用木材或竹子做成；在房屋的外面，會另外興築穀倉、豬欄、雞舍等。

一般穀倉寬約十二、三尺，長約四、五尺，地板高度大約五、六尺，以六支或四支柱子頂著，在距離房舍較遠的耕地，有時候也會興建小農舍，在獵場設立小獵屋，一般住屋都不設廁所，所有的排泄物都交給牲畜。

## 賽夏族

### 衣服

賽夏族常被誤認爲是泰雅族的一支族，因爲他們的衣食住，很多與泰雅族相似。

賽夏族男人的上衣與泰雅族一樣都是用麻織成的，但褲子則採取漢式；女人的上衣、褲子都模仿漢人的服制，而且不論男女，都將泰雅族從肩部，順著前胸垂到膝蓋的長方布，披在相反的方向。

頸飾方面，則有他們所謂的「阿希斯」，也就是把白球、玻璃珠、陶製品連串起來的，而且在其末端掛個黃銅製的針狀物，這是清除煙管用的。女子的耳飾方面，則垂掛長約三寸，寬四分的長方型螺殼板。腕飾、戒指，有不少是銀製品，但大都是黃銅製成。腳飾則用螺殼製的長方形小板、或者是把玻璃珠、白珠串連起來纏在膝蓋下面，但通常是成年以上的男子盛裝時才使用。還有一種用麻絲及紅黑毛紗交織成長約七、八尺，寬約三尺的帶子，兩端繫著毛紗團，把它綁在衣服上面，尾端垂下到腹部當裝飾品。

### 飲食

米粟、黍、小黍等是賽夏族的主食，把蕃薯煮湯當副食，實際上蕃薯的攝取約五十%、米三十五%、粟五%、芋頭及其他雜穀約爲十%。

通常是用手抓著吃，近來已改用竹筷了。

副食品以魚、鳥、獸肉、蔬菜、豆類、野菇類、筍子、芭蕉筍蕊、或採食野生的草葉爲主，用水煮熟加鹽後食用。但鳥、獸之肉只有在狩獵有所收穫及祭典當日才可吃到，平常吃的只是些蔬菜、草葉，用水煮熟加鹽，或拌以一些薑或辣椒而已。他們一天食用兩餐。

酒的釀造法與泰雅族差不多，但是他們能模仿漢族製造燒酒，就這一點來說是比泰雅族進步了些。酵母方面是採用白釉，但偶而也會把藜果蒸熟當酵母用。

煙草方面，栽培與抽煙方式都與泰雅族差不多，飲用水的收集與儲藏方式也大致相同。

### 房屋

賽夏族住屋的大小與泰雅族差不多，是以雜木爲材料興築，屋頂上用剖成兩片的竹子拼合而成，由屋脊處分爲雙向傾斜，在屋脊竹子接合的地方用茅草披蓋；牆壁是用剖竹或雜木做成，房子的前後都設有出入口，少有窗戶，屋內地板是泥土舖成，床安在適當的地方。其他情形則與泰雅族差不多。附屬建築物有穀倉、家畜欄舍等。

## 布農族

### 衣服

布農族衣服的種類及形狀大致分爲：上衣、胸甲、肚掛、褲、綁腿等。

上衣有皮製及麻布兩種，皮製的是採用褐色的野生羊皮，羊皮鞣製後，兩張鞣皮接縫起來，前片由中央裁開，在肩膀及腋下部份縫合，頸子部份開個洞，身寬大約是一尺三寸到兩尺五寸甚至有三尺寬的；上衣通常是沒有袖子的，但偶有例外。獵衣即是防寒用的衣物，使用帶毛的鞣皮縫製，縫製的時候，有毛的那一面做爲裏襯，但在雨天出門時，就反過來穿，這種毛皮衣物是男人專用的，女人爲禦寒偶而穿之。麻布質的衣服，自家生產，把寬約七、八寸的麻布兩件縫在一起，做成上述皮衣的樣子，身寬大約是一尺兩三寸，長度大約是兩尺六、七寸到三尺左右，一般也是沒有袖子的。

●布農族人的傳統服飾。

在這種麻布衣的兩邊，都混雜一些色紗織出花紋，這類的上衣也是男人專用的；女用的上衣很短，長約二尺六、七寸。胸甲是將寬八、九寸的方形麻布由中央斜摺成三角形，加個皮繩子綁在胸前，其表面通常都有由紅、青、黃、綠等毛紗所織出的花紋。

肚褂是將兩張麻布縫接，成爲方形，四個角加上帶子，摺成三角形，然後由頸部垂掛下來蓋住腹部。以上所說胸甲及肚褂都是成年男子所用的服飾，未成年者只使用胸甲，女子則都不能使用。

男人所穿的褲子，大都是交換所得的藍色或

淺黃色寬約八、九寸的棉布，將其截成方形，上端加條細帶子，成年男子就將帶子綁在腰部，綿布遮住敏感處。女子的褲子，寬約七、八寸，長約兩尺三、四寸，是將兩條麻布縫在一起，並在兩端加條帶子，綁在左右腰部；不過近來使用的人已漸漸減少，多已改用漢式的褲子了。

女子的傳統上衣是用兩件麻布縫合而成，沒有袖子，且是短的；但現在已經很少人用它，都改穿漢式的上衣。

## 裝飾

**帽子**：男子專用，把鹿皮或是山羊皮加以鞣製，然後做成頭盔的形狀，加個遮陽舌，後面有塊垂布，也有人裝個老鷹羽毛當做裝飾。

**頭巾**：在一條長約八、九尺的藍色棉布，兩端加以刺繡，並與毛髮搓在一起，捲在頭上，看來好像綁了頭帶。

**釵**：用鹿角做成，上面有種種雕刻，長度約六、七寸有時候在上端裝有雉雞的尾毛，婦女在盛裝的時候會把它插在頭上。

**頭飾**：把貝殼切成六分至一寸四分，磨平後將數枚用細繩貫穿起來，每隔數枚，則配以玻璃珠做爲點綴。這是男人專用的頭飾，不戴帽子的時候，則將它環繞在頭髮上做爲裝飾。

**耳飾**：把夜光貝磨成三角形，吊在耳朵。這是男人專用。女人則學漢人的形式，用洋銀或黃銅做成釣勾狀，吊在耳朵上。

**頸飾**：與頭飾一樣的方形貝殼，纏繞在頸部；有些則是把貝殼或玻璃製的小珠串連起，纏在頸部，或垂到胸前。女人則常用黑色的小珠、陶質的鈕扣、指頭大的玻璃珠、樹木的果實、菖蒲的根頭等，用繩子串連起來，掛在頸部垂至胸前，做爲裝飾。

**手環**：男用的手環，用洋銀或黃銅做成環狀物，女用的則採藤或草蔓編成扁形飾物寬四分至一寸左右。

**腕環**：將山豬牙兩支，相對合爲環狀，只限於男人使用。

**腰箍**：把寬約一寸左右的薄板加以彎曲，並在它的兩端裝上帶子，把它套在腹部，繩子結在背後，有點兒像西洋婦女所用的束腰。材質方面有的是用藤或木斛的皮編織成，都是成年男子所用。

## 飯食

布農族的主食是米、粟、稗、玉蜀黍、蕃薯、芋頭等。住在最深山的部族，幾乎全以蕃薯及芋頭爲主食，一天吃兩餐，吃三餐者亦有。米及粟煮熟成爲飯，玉蜀黍則磨成粉使用。也會製做粑、粽子，吃飯的時候有些人是用木雕的湯匙，大部份人是用手抓著吃。

副食爲鳥獸肉、魚類、豆類、蔬菜、野菜等。其種類和烹調方法與泰雅族相去不遠，平常只吃些清水煮的豆類，野菜加些鹽、薑、辣椒等，至於鳥獸或者魚肉之類，只有在祭典、祝宴的時候，或出外漁獵有收穫之時才能享用。他們的住區離海岸很遙遠，鹽只有靠平地供應，故大部份使用山胡椒或其他辛辣物做爲代用品，以刺激食慾，鹽是貴重品，只能一點點謹愼使用。

吃點心的機會很少，偶而吃些芭蕉、李子、橘子、朱欒等的水果及甘蔗。

●布農族人的生活型態。

飲料方面，就只有粟酒而已。它的釀造方法是先把粟煮熟放進挖空的木槽裏，冷卻後，用手抓進嘴裡咀嚼，混入唾液後放進缸裡，再加些搗碎了的黍果實、混合少量的水，讓它發酵。只在有祭祀、喜宴的時候飲用。

布農族的男女都很愛抽煙，它的栽種法與其他種族類似，但儲藏方式卻相當發達，抽的時候，用小刀把它細切，用他們自製的煙管抽吸。

### 房屋

房屋的建築材料及構造，每個地方都有所不同，有茅草、木板、石板各種類，住在台中、花蓮中央山脈的高山地帶，石盤石出產較多，則以石爲建屋的材料，台東地區則多採用木板建屋。房子大致是長方形，興建房子，首先得找一塊風水好的地方，山腹或向溪谷則爲吉地。

房子的左右及後面砌積石塊做爲牆壁，前面設有出入口，屋內地面是泥土地板，屋內比前庭大約低了三四尺，因此裝有木梯供升降之用，也有不少人家，在屋內地板及前庭舖上石盤石，寬約十六尺至五十尺，深約十尺到二十尺，通常樑高十尺左右，房間的隔局爲單房，後半部設有穀物儲藏處，左右則規劃爲寢室，前面兩側設有臥床，兩個床鋪之間設有爐子，布農族通常是幾對夫妻共住在一個屋簷下，因此一個家庭四、五十人也不足爲奇。

柴房用以堆積穀物及雜物，興建在房屋前庭左右方，寬十六、七尺，長八、九尺。農舍建在離家相當遠的開墾地上，另也建有狩獵小屋及家畜欄舍。

## 曹族

### 衣服

曹族男子的上衣，是用鹿或山羊皮所製成，裁剪方式與布農族大致相同，同樣用於狩獵及禦寒之時，這種上衣照例是沒有袖子的。但也可以把山羊皮縫成圓筒形，加個帶子，結在上衣上，就像個袖子了，毛皮則用作襯裏。

男子出外狩獵、旅行、或在冬季裡做野外勞動的時候，會穿一種皮製的褲子，用皮帶子綁緊下褲管。胸甲、肚褂、褲（丁字褲）與布農族人所穿的相似。布農族人平常所穿的上衣，用黑或者藍色無花紋的棉布與嗶吱布（一種毛織品）對貼縫合，沒有領子，卻有直筒的袖子，長約兩尺六寸至三尺，平常穿棉布這一面，祭祀或喜事的時候則把毛織品翻到外面穿，這屬於冬裝，女人的上衣是淺黃色或白色的棉布做成，有長一尺三、四寸的直筒袖，穿著短褲，並在左邊打結，袖口及褲管下方結著種種毛質的繩子，做爲裝飾。

曹族女子所穿的短褲與布農族相同，並在其邊緣綴有綠色的裝飾，有時候也使用與排灣族女子相似的綁腿，曹族近來已漸漸改用漢式的衣褲。

他們的裝飾品有：帽子、頭巾、頭飾、耳飾、頸飾、腕飾及腰箍等，全都與布農族人所用的相似，達邦部族的腰箍是木製的，知母朥部族的卻是竹製的。男人用鹿皮做鞋子，在旅行的時候穿著，爲曹族特有的風尙。

## 飲食

曹族的主食品與布農族相似，不過一天吃三餐，他們一年中所耗用食糧的比率，因分佈地區不同，而有差別。粟大都煮成乾飯或稀飯，或做成糒糬，其他穀豆類的吃法，大致與布農族相同。副食品的種類及烹飪法亦與布農族差不多，但熊肉、豹肉因迷信之故，而不准食用，雞與魚肉不能在屋內吃，調理這些食物的鍋爐必須與漁器放在一起，擱置在屋外的小屋，以示愼重，不可與其他鍋爐混淆。

用粟、米釀酒，把粟或米浸泡後，放在臼裡搗碎成粉，然後把它慢慢放入有溫水的大鐵鍋裡，用鐵箆慢慢攪拌加熱，成爲糊狀後，倒入直徑約四、五尺藤製的器具裡使之冷卻，然後幾位男女圍著這個藤器，用手指抓起放在嘴裡咀嚼兩三次，以便和唾液混合，然後吐入缸裡，使其發酵，待兩三天後，用圓筒形的籠子加以過濾就可以飲用了，曹族中的知母朥部族人能模仿台灣人釀製燒酒。

## 房屋

曹族的建築物有：住屋、集會所、園舍、漁

具小屋、狩獵小屋、打鐵小屋、家畜欄舍等，興建住屋的時候，首先把土地整平，在中央豎起兩支大的主柱及四支小柱子，然後把屋樑架起來，屋頂是用竹子爲骨架，蓋以茅草，牆壁則用茅草的莖編織而成，屋子的前後都設有出入口，住家的大小，個個都不同，不過一般是寬十一尺至三十尺，長十六尺至三、四十尺，屋樑約高十二、三尺至十五、六尺左右，屋裡都是泥土地板，在主柱的中間設有爐子，床舖是沿著牆壁架設，穀倉設在屋裡的角落，偶而也設在屋外。集合所大約三十三、四尺，長約四、五十尺，離地約五、六尺的高處用藤條舖平，前面六、七尺的空間，做爲露台，斜放梯子做爲昇降之用，露台的左右兩邊堆砌石頭，種木斛樹，露台的前面栽種赤榕樹，做爲靈樹，大祭的時候，一定在集會所，所以它被視爲社內最神聖的地方，不但婦女不能上去，連女人的私有物都不能帶到此處。社內的祭典、會議、戰事、頭目向社衆訓話、發佈命令等，都在集會所中舉行。平常白天供做男人的工作場，晚上成爲未婚男子的宿舍，同時讓他們擔任巡邏的任務，從他社來訪的人，也讓他們投宿在這裡。分社集會所的規模較小，而且不能栽種木斛樹。

達邦部族，在住家入口左側，沿著牆壁做成獵骨架，將所有獵獲的鹿角，羌角、及任何獸類頭殼骨、顎骨等，並排放置，吊掛起來。其他部族是在住家前面左側建立獸骨舍，收藏古代的武器、獵具、傳令用的警鐸等，神聖的獸骨舍，不許婦人踏入一步。

# 排灣族

## 衣服

排灣族的男女服飾，分爲正裝、常裝、勞動裝三種，男子的正裝是用藍色絨布或黑色絨布或淺黃色的棉布所做成的，長約一尺兩、三寸，沒有領子，但有袖子，在袖口內面用紅色或青色、紫色、黃色的色線，刺繡一些排灣族特有的花樣，然後又摺至外面。胸前接合的地方裝有金屬鈕扣，或用布做成鈕扣以資扣合，這一點與漢式的上衣相同，鈕扣的兩旁通常都有種

●排灣族人的傳統服裝。

種刺繡做爲裝飾，褲子的長度大約一尺三、四寸，是用黑絨布、藍色棉布做成，在下緣有兩、三條刺繡。這種褲子分爲兩部份，前後各一片，然後用帶子綁合，照例左邊臀部要稍爲露出來，褲子的褶疊必是十三條。穿起它來，很像

僧侶的腰衣，稱爲「巴巴雅伊」。刺繡的方法，因部族不同而不同。通常會在上衣上繫一條帶子，用寬約一寸五分到兩寸的棉布刺繡而成，結打在前面，帶子的一端就讓它自然垂下，這種帶子的一端有色線，或是以玻璃珠等作爲裝

飾。

女子正裝所用的質料與男用的相同，上衣的長度大約一尺左右，裝有小小的領子，在短短的直筒袖口邊有刺繡，這是與男子的正裝相同；左腕下裝有鈕扣，女用的褲子與男子相同，只是女用下襬比較寬而已。

常裝是用廉價的布做成，並且把所有的裝飾都省略了。勞動衣則是已經用舊了的常裝，排灣族的婦女，有很多不擅於紡紗、織布等女紅，所以衣服的材料主要靠交換獲得。

## 裝飾

**帽子**：利用獸皮，做成半圓形，再加上種種的裝飾，名門望族之人會在上面加些老鷹羽毛。

**頭巾**：正裝的男子，會使用寬約一尺三、四寸的白綿布，上面裝有瑪瑙或陶製的鈕扣、獸牙、花草等裝飾品，纏繞在頭上，偶而也會用蕃薯蔓莖編成環狀，纏繞上去。

**頭飾**：使用銀鎖、瑪瑙、玻璃珠、磨平的螺殼串連起來而成。

**肩飾**：用毛線編成綬帶的形狀，上面裝銀鎖、銀幣、瑪瑙、人造玉、鈴子等，從肩部掛下來垂到腰部。或有人在末端掛個裝檳榔的袋子。

耳飾、腕環、指環等則和其他的種族一樣，但套在腳頸的腳環，則是利用獵獲的野豬背部上，最長的毛及毛皮，切成帶狀而成。

女子的髮簪是用獸骨做成，上端綁著色紗，插在頭髮上。還有一種花簪，是在一支約長四、五寸的銀針上黏接兩條兩寸的銀鍊，六支環繞插在頭髮上，在婚禮及儀式中使用。

另外，婦女也會使用一種綁腿布鞋、手套，這些都是排灣族所特有的。

## 飲食

排灣族本來是以芋頭爲主食，稻、粟、蕃薯爲副食品。但近年來稻的耕作漸漸盛行，栽培芋頭的人反而慢慢減少，現在已經很少人會儲乾芋或攜帶乾芋便當。這種乾芋可以儲存半年以上不會腐敗，到遠處旅行的時候，帶著它當做乾糧，吃起來非常香脆可口，到排灣族區旅行的人都會想嚐嚐看。

一年當中，主食的比例，過去是米四十％、芋四十％、粟十％左右，但現在蕃薯爲二十％，其他芋類二十％、雜穀大約爲十％，然而這種比率只是大概的情形，因地制宜。

排灣族在大約一百年以前，還是一天吃兩餐，但近來因農業發達，勞動量提高，漸漸改吃三餐。副食品方面，與泰雅族大致相同，但因爲他們盤居在海岸附近，所以特別喜歡鹽漬烏魚、飛魚，常常把飛魚買回來，在鹽水裡浸泡一天，然後吊在廚房上面風乾備用。鳥獸肉都用白開水煮熟，然後用鹽巴調味。蔬菜類也是如此，種類與泰雅族人大致相同，不過有幾種烹調方法較爲特殊。

在糯粟（粘性的粟）之中混入一些鳥獸肉或花生，然後用草葉、樹葉包起來蒸熟，有肉的叫做「奇尼布波波」，混有花生的叫「奇奇波搭拉歐」。粟粉混以些水，再加些鹽、樹豆，搓成圓仔。用水煮熟的芋頭，放入臼裡，加以花生粉末、鳥獸肉加以搗和，然後用草葉、樹葉包裹起來蒸熟。芝麻則用木棍搗碎，加些鹽做成湯，當做副食。另外他們也把螃蟹的殼與腳分開來，殼子（蟹體本身）煮鹽水，或用火烤，腳則加以搗碎加些薑、鹽做成羹食用。

酒的原料以粟爲主，米酒很少，使用白釉，不過現在可以交換到燒酒，所以喝燒酒的漸多。

煙草是自己栽種，把它陰乾後儲藏，使用時把葉子揉碎後用煙管抽，而煙管上面刻有人面、人體的圖案，形狀大多是水手煙斗形，有些雕刻還相當精緻。

排灣族有吃檳榔的習慣，吃檳榔，可能是爲了染齒之用，後來因爲這種習慣流傳久了，不分男女老幼都吃它，如果一天不吃，就提不起精神，飯也吃不下。把檳榔子剖開，在其切口沾一些煉製的石灰，再用荖葉包起來。嚼起來血盆大口，吐出來的粕及汁則呈紅黑色，嘴巴週邊還留著一些粕，牙齒又染得黑黑紅紅，膽小的人看之卻步。

用竹筒、或挖空了的木頭，製成桶子裝些溪水、泉水運回家，倒在水缸裡備用，近來已使用交換得來的石油空桶或漢人用的木桶。

●排灣族人喜在柱子上雕刻。

## 房屋

住屋大都是石造的，建造房子之前，先找塊避風的山腹坡地，把左、右、後邊三面掘深，前面整平，門面外的地方全用石盤石堆砌起來。找些去皮的木頭，兩端吊以大石，幾年後，它就自然成爲弓形的木頭，把它用做樑，寬約一尺八、九寸到六、七尺。厚約六、七寸的木板做爲主柱，其餘的柱子則用石塊代替，屋頂也用石板砌成。前門的門楣高約六、七尺，因此它的入口處相當低，進門時還需要彎著腰。室內地面是泥土做成，分前後兩室，前半部做爲寢室、起居間，後半部是烹飪及家具收藏處，有些兼做倉庫。床鋪放在房間左右兩角落，鋪著大的石板岩或厚木板而成，爐子則設在室內的一隅，床鋪後面設有家畜欄舍與廁所，這兩間是共通的，排泄物供豬吃，格局方便簡單。

前面所提的主柱，是祖先神靈所寄居的地方，深受族人的崇敬，在頭目的家裡，其主柱上面刻有男女的裸像，幾乎跟眞人一般大，男女的生殖器也照實雕刻。

頭目住屋的前面，會設立一個露台，是用板

岩堆疊起來的。有事之時，頭目會上台向社衆發號施令，司令台旁邊種植白榕樹，視爲神聖。有的則在庭院的中央豎立一塊長的石板岩，視同祖先的靈位，上面也刻有人體，家傳寶貝古壺排在其週圍，視爲神聖的表徵。

穀倉由四到六根柱子支持，竹板或板岩作牆壁，屋頂用茅草蓋成。支柱上施以防蠟措施，這一點與泰雅族差不多，穀倉的入門口寬約三、四尺至六、七尺，深約六、七尺至八、九尺。

太麻里部族的家屋，大部份是方形的茅草屋，相當矮小。屋前的庭院週圍堆積土堤，內側雕砌石頭，它的高度與屋緣一樣高。外觀上，很像是把房子建在坑洞裡。

恆春的部族以及萃芒部族的房屋屋頂呈斗笠形，左右兩邊有出入口，左右兩個角落設置廚房及寢室。

卑南部族的住屋是竹造茅草蓋的，牆壁是用土磚（泥塊磚）砌起來，與漢人所用的土磚房子相同，在前面設置出入口，門扉是用竹子編造而成，住家附近蓋一間小屋，半堆放雜物，一半貯藏雜物。另一半則舖個板子。擁有牛車的家庭，則爲牛車設個小屋，或將雜物儲藏處的一部份抵充之，社內建築茅草蓋頂的竹造集合所，平常用做年幼者的聚宿所，它的床舖是沿著牆壁架設而成，把年幼者集中住在這裡，目的是爲鍛鍊少年人的膽識，也可視爲一種少年訓練營。

## 阿美族

### 衣服

阿美族人的服裝，已失去原有之特殊風格，而與各族混合，住在花蓮一帶的則仿效泰雅族人；秀姑巒方面，馬太鞍以南到拔子庄這一帶的男子則仿效布農族的衣服；從玉里附近到台東、新港附近的人則仿效排灣族，更有進而仿效漢人的，尤其是婦女們則使用平埔族與漢人的折衷服飾。

### 裝飾

**帽子**：北部的阿美族，把藤條剖開，編成山形或者半圓形使用。中部及南部的阿美族人則使用皮質的頭盔形帽子，並且像布農族那樣，在頭頂上挿支鳥毛。

**笠**：把竹子剖成細條狀，編成雨笠形，加上種種裝飾，男女都可以使用。然通常戴帽子的人並不多。

**頭布**：是一種藍色棉布做成的長巾，長約六、七尺，男女都用。捲在頭上。儀禮慶典的時候，用絨布、絲布製的頭巾。

頭飾、頸飾、腕飾等，則與布農族差不多。阿美族人，把抽煙用的煙袋，視爲一種裝飾品，因此它的質料大多採用棉布，寬約六、七寸，長約一尺四、五寸，袋子的外面縫上各種顏色的布條做爲裝飾，裝上帶子從肩部向腋下斜掛，裡面則裝有煙草、打火石、檳榔等。

## 飲食

以前的主食是蕃薯、米、粟三種；食物的攝取比例爲：蕃薯五十%，米三十%左右。不過現在的米食比例已經大大提高，米八十%、粟十%、蕃薯及其他十%左右。大多數人一天吃三餐，但仍有些許族社是一天只吃兩餐的。米與粟煮成飯，或者搗成糰糬；但其中也有人是蒸著吃的。現在已經以米爲主食了。

## 房屋

南部族群與北部族群的屋內配置稍有不同。近來一些比較有錢的人，已開始興建漢式住宅居住。傳統房子爲長方形、木造、茅草蓋頂、南北向棟樑、屋頂向東西兩面斜下來，屋裡分隔爲寢室、起居室與廚房。靠門口的地方做爲廚房，放置炊具及農具等；再往裡則以藤條隔出起居間，做爲日常起居作息、待客處；最裡面爲寢室，鋪以床鋪，按照家族人數多少隔間，房屋後面設有後門，牆壁是用剖開的竹片式蘆葦圍起，房子的大小並不一致，寬十六、七尺到三十五六尺，長十二、三到二十七、八尺，橫樑高度爲十尺左右，穀倉則是寬四、五尺，長六、七尺的茅草小屋，設在住家前後，每戶大概都有一間。

阿美族也有集會所，爲全社所共有。大的族社，可能會有三、四所。它的構造與住屋大致相同，有全爲泥土地板的，也有部份舖床的，有的在中央擺一個爐，有的則多設幾個。有的是四面全不設牆壁，有的是三面牆壁，全因地方而異。不過用途都一樣，白天做爲公共作業所，夜間成爲未婚男子的共同宿舍或俱樂部、會議所、儀式場等等。在這些集會所的角落，都備有木鼓、竹鼓、以便於發佈警報、或集合令，不過到了現在，幾乎已經用不到它了。牛欄是以竹子木頭爲柱子，蓋以茅草，而其他的家畜欄舍，也只是大小不同而已。

住房的周圍，都設有竹柵，或種植林投樹，做爲圍牆，屋內都打掃乾淨，住家前面，將剖開的苦楝樹（作爲薪木之用）整整齊齊地堆積著，也同時做爲圍牆之用，據說那是入贅此家的男人所贈送的。

## 雅美族

### 衣服

雅美族的衣服非常傳統、簡單。

男子上衣的質料是他們自製的淺灰色芭蕉布。寬六、七寸長一尺兩、三寸，沒有袖子沒有領子，只用帶子在前胸結綁而已。

男子的條型褲是用寬約六、七寸，長八、九尺的芭蕉布做成，女子的條布從肩部起向腋下斜掛，遮住乳房；而腰部則用寬約一尺的芭蕉布，圍綁起來。

衣服方面簡單、樸素，並沒有正式的禮服，他們平常很少穿衣，男人僅用布條褲，女人用腰布略爲遮掩而已。

裝飾品方面，有銀盔、帽子、頸飾、耳飾、手環等等。銀盔的材料是向靠岸的船員、或船客以物品交換銀幣，投入火爐裡面加以溶解，然後打成寬約三寸的長方片，頭盔向四面垂下，眼睛處開個孔。這種銀盔是裝飾品中最珍貴的，也是一家的傳家之寶。另外也有木製、椰子殼製的帽子，耳飾的材質是銀、黃銅、螺殼等，不論男女都是掛在耳朵下端。頸飾的材質爲瑪瑙、玻璃珠，用果實或蘭嶼特產的山羊白毛裝飾。

### 飲食

雅美族的主食品是水芋、芋頭、蕃薯等三種，過去最多的是芋頭，但近來粟也大量栽種，芋類佔三十五%，粟約爲五十五%，其他雜穀大約十%，米是很少食用，他們也沒有稻田，四季不斷地將芋頭栽培在水田裡及菜園裡，每天早上拔取，用水煮熟後食用，有時候把粟煮成粥，或是採收自然薯煮熟吃，不過這些都是補充食品。

副食品方面有魚貝類、水芋的莖以及野草，食用家豬、山羊、雞肉的機會很少。關於魚類的吃法，是先將其浸在海水裏，然後拿出來讓太陽晒乾，裝在自製的土製容器裡，漁獲最多的是飛魚，因此他們所儲存最多的也是飛魚。

雅美人不懂得釀酒，也不懂得栽種煙草。

## 房屋

雅美人將大海旁的山坡地整平建造房屋，周圍以礫石堆砌成圍牆，以圓木或方形柱埋入地下，以茅蓋屋頂，以厚木板做爲牆壁，寬約爲二十二、三尺，長約十尺到十六、七尺，棟樑的高度大約是六、七尺，並且設有三、四個長五、六尺，寬約兩尺的出入口。屋外的建築是男女聚集製作藤具、紡織、裁縫、放置漁具、土器的場所，有時候也當做客廳使用。穀倉的構造與泰雅族人的很相似，但長、寬僅四、五尺左右；而且是幾家共用，因爲他們很少耕種粟及其他穀物，所以不太需要穀倉。納涼台有大有小，通常是建在屋前視野遼闊及通風良好的地方，夏天可在此休息、睡眠。眺望台是社裡共有的建築物，由四支高八、九尺至十五、六尺的柱子搭建而成，上面鋪以木板，設有梯子，遇有急事可攀登瞭望。

# 6／獵首行動

原住民砍取敵人或異族的首級謂之「獵首」，其目的非常單純，純粹只爲取得首級；並不具破壞敵人攻勢或消滅對方的意圖，也不是爲了侵佔對方的土地或掠奪財物。所以大部份的被害者都是毫無恩怨的第三者。

這種野蠻的獵首行爲，在文明人看來是殘忍又無理的行爲，更是人道上無可容赦的罪惡。但在原住民的眼中，那是祖先的遺教，是非常神聖至上的行爲，代表無上的光榮，這是台灣原住民所共通的惡習，其中泰雅族人尤好此道，以致人們聽到獵首行動馬上就聯想到泰雅族。日領時期日本政府的理蕃事業，部份精力都耗費在與原住民們的交涉、溝通事宜上；如今時勢變遷，他們放縱、殺伐的野性已漸消退，獵首的罪行也已匿跡，個個成爲淳樸的百姓，連山野打獵禽獸方面，都有所顧忌，這不能不說是溝通後的豐碩成果。

目前，他們已是幸福的農民百姓，過著平靜的生活。不過在過去，他們那種令人聞之喪膽的行爲，究竟眞象如何，這對研究及記錄原住民史沿革方面或許是個相當有價值的資料。

●獵首是原住民晉昇武士最重要的行爲。

# 第一節　獵首的起源

「出草」是獵首的同義語，意指「砍人頭」。砍人頭是一般用語，但「出草」則專指原住民的獵首行為。過去漢人對於原住民出外打獵的行為，稱之為出草或者是打牲，涵義包括狩獵及獵首，是對原住民打獵行為的總稱。「出草」這個辭根據《台海采風錄》敍述，本來的意義僅指「獵」而已，而後被視為獵首的同義語。「西比爾凱，馬拉荷，拉阿拉兒」是原住民表示獵首的字眼，「西比爾」意指遺留，「凱」是語言的意思，「馬拉荷」是指頭目，「拉阿拉兒」是古代之意。他們相信獵人頭是祖先的遺訓，因此這種文明人看來罪大惡極的行為，他們卻視之為光榮的行徑。原因就在此。

獵人頭的行為叫「母軋軋亞」或「普軋雅」，「軋軋亞」或「軋雅」是指「慣例」或「規距」的意思，亦可指「祭祀的方式」，而「母」及「普」的類似冠詞的字眼有「做」或「實行」的涵義。由此看來，「母軋軋亞」的傳承由來也不是偶然的，而是有其背景淵源的。有人說，這種習慣是因為漢人遷入，他們的生活受了威脅及強大壓力才造成的，為了洩恨，而對漢人採取獵首行為，似乎是牽強附會之說，並不足取。

# 第二節　獵首的動機

獵首的目的既是如此單純，所以他們行動的時候，並不會正式佈陣，打正面戰的。當他們發現對象或敵人後，即出其不意地加以襲擊；或是對沒有武力的路人加以狙擊，取走首級，只要拿到了首級就達成了目的，然後便逃之夭夭。所以一般都預先佈置好逃走的路線，並找妥狙擊的位置。獵首的動機，雖因種族不同而有小差異，不過並沒有甚麼大的差別。根據觀察及調查，泰雅族出草的動機，大概有以下六點：

1.進入壯丁的行列後，意謂已經成年，而有出草的資格。在他們的社會裡，如果成年仍無法獵取到人頭，會被同伴們譏笑，認為他不夠勇猛、凶悍，而不理會他。

2.為了表明自己的清白，證明自己是正義、耿直的人，可以得到祖先的庇護，就必須獵獲人頭，否則必定會被族人誤會，認為他做了冒犯祖先之事，而無法順利取得人頭。

3.為近親報仇或為族長復仇而出草，是常有的事，如果一個壯丁，不能為自己的親人報仇，如何對得起鄉親父老，其俠義之心必受到懷疑。

4.在談論婚嫁之時，除了必要的準備外，競爭者為了在情場上互別苗頭，會出草以表現其勇猛之精神。或是兩個男人同時愛上一個女人的時候，就出去獵人頭，以先獲得首級者為勝利者，一個男人想獲得心儀女士的青睞必會竭盡所能。另外，在結婚之前，女方會檢視此青年是否為獵人頭的英雄，才決定下嫁與否，於未獵獲人頭之前，男子是不能結婚的。

5.瘟疫流行時，為驅除不祥之兆，就必須出草。惡疫流行，或發生不吉利的事，是因為觸怒祖靈所致，如果不獵人頭告慰祖靈，就無法禳除瘟疫及不吉利之事。

6.有時候純粹只為顯耀自己的勇武，博取族衆人的崇拜而出草。

出草的動機就如上面所述，要滿足他們的榮譽心，唯有不斷的獵人頭。成功的次數越多，他的聲望愈高，因此鼓舞了原住民壯丁一次又一次的獵人頭行動。如果他是個未婚的小伙子，那麼各家的閨女都競向其求親，因此，往昔，青年人的心願都集中於獵首這件事。

●獵首的多寡，決定原住民身份的高低。

# 第二節　獵首的榮譽性

以往原住民是群雄割據的局面，強敵環伺，弱肉強食，互相爭霸，競相爭雄，隨時都有可能受敵人的進攻，因此社內所有的男子都必須是戰士，爲了維持種族之生存就得依靠武力，因此男子的勇武精神是他們生存上的最大依靠。

如果不夠英勇，族社的安全可能就保不住了。他們如要成爲壯丁之列，就得具備相當的武勇精神，有了資格，臉上就可以刺青，顯示他的與衆不同，因爲非得獵到人頭，否則原住民的男子不管年齡多大，都不能隨便刺青，「刺青」象徵著至高無上的榮譽，否則會被族人譏笑爲膽怯懦弱的男子，沒有人願意與之交談作朋友，且按規定是不能娶妻的。

身爲原住民而沒有刺青，通常會被嘲笑譏諷，反之，如果獵到首級數量多者，不但可以刺青，而且所穿衣服、所用裝飾，都非常豪華，位屬特殊階級，獵首的多寡，決定身分的高低，因此每一個男子長大成人都希望多多獵獲首級。

原住民的傳說中，其祖先爲勇者，有的在一生中能獵到了幾百個首級。而現在仍然存活的

老人當中，有不少是獵過三、四十個至五十個首級者，在原住民的族社中，德高望衆的長老，

都曾是獵首級的高手。

●出草的時間須由夢兆、鳥卜來決定。

# 第四節　獵首行動

## 隊伍的編制及首領

獵首行動，通常都是由同族之人，組成隊伍前往，很少單獨行動，每隊至少三、四人，有時候更達二、三十人，甚至有四、五十人組成的例子。但以十人左右成團的情形較多。如果一個團是由三、四個人組成，而且團員之間都是血親，那麼其中年紀較大者，或較有才華的人就成爲首領。但發動出草行動的當事人並非一定爲首領。如果組成人數更多，則由其中的頭目或族長當首領。

獵首的行動一定是有計畫性地實施，很少是偶發性的，因此，就算頭目、族長不當首領，他們對該社或一族中的獵首行爲，不可能完全不參與，一定或多或少地參與，所以責任是大家共同分擔的。

當出草協議成立後，隊員們就各做準備，遵守吃肉的禁忌、潔淨身心。

當行動即將開始時，會有一特定儀式說明獵首的理由。屆時大家就齊集在發動者的身邊，並從衆人裡公推一人爲首領，讓他執掌指揮事務。被推爲首長者，就坐在議長席位，協調有關出草的策略：用一隻手舉起一種叫做「凱茲」的竹杯，或者是叫做「貝塔克」的小瓢，裡面裝滿水然後向祖靈禱唸咒文，祈求成功，(有些部族是舉起火把的)。手續完成之後，隊員們都把各自的指頭，浸在杯中的水裡，此稱之爲「明客西亞」或「別塔荷兒」，是出草時的一種宣誓。至於出發的日期、則由首領占卜及根據各隊員的夢兆來決定，如果是吉夢，就通告大家，準備整裝出發。

隊伍中最年少的隊員，必須背負一種有關獵首的護身符。這是一種紀念戰功的背袋，叫「奇納托」或「迪尼特」，平時都收藏在族長或頭目的家裡，自古以來這種背袋都是用以容納戰鬥或獵首時的戰利品。族人爲了祈求另一次的勝利，出擊時，都會向收藏者借來，隨行攜帶。

在出擊途中，如果遇到了樹林就會聽聽「希以列克」鳥的叫聲。如果聽到的是吉利的聲音他們就會勇往直前；如果是凶聲，就停下來在那裡紮營，再卜，或是折返回頭，等候下次吉時再出發。在途中紮營過夜，如果有人做了惡夢，就可以事先脫隊回家。

若鳥聲是吉利的，就繼續前進，到達目的地之後，就把上述的紀念袋掛在附近的樹林中，糧食等不必要的東西也暫時擱置一旁；並舉行祈求勝利的儀式。首領手拿一根莖芽，很嚴肅地對隊員們宣示決行之意，一面唸咒文，一面揮動手裡的茅草祝福出行順利，並將茅草讓大家摸摸，以祈平安。這種手續叫做「提米林可巴歐」是一種祓凶的儀式，也是大家共生死的宣誓，而後大家鼓起勇氣，無論壯者、年少者都各就各位，準備出擊

## 獵首的方法與過程

首先詳細偵察目的地附近的情況。在敵人的退路及根據地周圍偷偷地插些尖竹，讓敵人在慌忙中跌倒，然後潛行到敵地，狙擊對方。或對敵人的草寮放火箭，使其著火燃燒，趁敵人張惶失措之際，襲擊之，獵首的對象，不分男女老少，有時候，連嬰孩的頭也取回來。

但有時候，對於三、四歲的幼兒，不忍殺害，而搶回來養育的情形也偶而可見，他們不是將其當作俘虜，而是找個日子，舉行認養儀式，

將其當做自己的兒女養育。

一隊的人數如果足夠，通常會先行分配任務。粗分為射擊手、獵首者及警備人員等，再細分時即可分為牽制隊、正班、副班、預備隊等幾個組。牽制隊的任務是驚嚇敵人，讓對方產生恐懼慌張的心理；射擊手射擊後就以迅雷不及掩耳的速度，近敵人身邊，砍其首級，而在這個時候預備隊或者是副班人員則隨時準備應付敵人的增援兵或制住敵人的退路等任務，隨著注意敵人的動靜。上述的各組人員，都會臨機應變，更換任務的順序。又有時候射擊手只射傷了敵人，而馘首的工作則讓給未刺青的少年，使他有機會出草成功。或是在回程中將首級交給少年者背負，使其分沾獵首的功勞。

倘若那個少年是獵首者的子弟，當然不必付報酬，但如果是其他人，那麼他的父兄會以豬隻做為報酬，付給出草的一行人。如果被害人攜帶有火槍，該火槍就成為出草隊射擊手之戰利品，而人頭則是獵首者的榮譽。

## 凱旋

達到獵首目的之後，出草隊就帶著首級及戰利品，火速從山路撤退，回到原先藏放紀念袋及物品的地方，暫時休息。人頭則用一種寬大的草葉包裹起來，然後裝在一種叫做「塔歐康」的背袋裡，然後由首領帶頭唱起凱旋歌回到族社。

如果沿路遇到溪水，則先在溪畔清洗首級。並在首級的額頭上直割兩道細縫，貫穿打洞，把藤蔓穿過並將兩端打結，以便攜帶。當確定沒有敵人追擊之虞的時候，一班人馬就安心在獵舍休息，並整理征衣。而且每個人必須砍棵樹，在樹的頂端綁上鬼茅的葉子，並依照一行人的人數多寡將樹豎立起來；或按照人數，將沿路的樹綁上茅草。如果戰利品中有火槍，就會將火槍綁在樹幹上，向附近的人炫耀他們的成功，同時在回程途中的岩石上放置打了結的茅草，以做為凱旋路過的留念。當這一群人接近自已的族社時，他們就會大聲歡呼，報告喜訊，如果獵獲火槍，就會按照獲得數量放空彈，社中的男女老幼都會沿路加以迎接。而他們的家眷，就拿著戰士的漂亮衣服，在路上迎接他，大家一起歡呼慶祝凱旋。

這時，一行人當中背負人頭者，會踏步出列，大聲呼叫「某某人獵到了人頭了」，顯示他的英勇。於是一行人在歡呼聲中風風光光入社。人頭帶到獵獲者的家裡，擺在架子上，這時候，出征的同夥及全社的男女老幼都齊集於此，誇讚其英勇，並慶祝其成功，並在血淋淋的人頭口裡灌一些「來波」（還存放在酒槽裏的酒），再供奉一些粟飯或蕃薯等，舉行招魂式——「茲馬茲培奧透夫」，祭辭有數種，其一爲：「請你隨遇而安吧！我向你供酒歡迎你，請你告訴你的父母妻子兄弟姊妹們，我們所住的這個族社是個好地方，邀請更多你的同胞一起來住，共享快樂吧！」他們相信，這麼呼請後，那些被獵獲首級者的親族，日後也會來到這裡。

這一天社內殺豬、做餅，並拿出預先釀好的酒，開懷暢飲，唱歌跳舞，通宵達旦。第二天把頭帶到頭目家，在椿臼上面橫放一些薪木，並將人頭放在上面，供拜一些酒肉。大夥兒又

●獵首行動中，必須受到禁忌的節制。

圍著人頭唱歌跳舞，大吃大喝，再把人頭移到正式的人頭骨架的中央，過去的骷髏，就稍微往左右移動。此後會停止工作幾天，群集在人頭骨架之前，各人帶著酒食，供奉新的首級，並在人頭骨架前面飲酒跳舞。在這個人頭風吹日曬皮落肉朽之前，每天都會有人將食物，塞入人頭的嘴邊，因爲他們認爲如果讓這個人頭覺得飢餓，那麼他的同胞可能就不會再來了。同時族社的子弟，會把塞進首級嘴邊的食物，用自己的嘴巴接過來吃，藉以訓練膽識。

除上述的慶祝儀式之外，當出草隊凱旋歸來的時候，社裡的人就會製做一種旗幟，把通草切成約六、七分的圓莖，用藤蔓串連起來，幾十個一串，然後將長木塊削成旗桿狀，成串成串的通草莖則綁其上，再把它高高地掛在族社的樹上。獵首者的家門前也會豎起青竹或者是首飾型的通草旗幟；或是把小型的通草旗，掛在屋緣，表示他的勇敢，這種東西叫做「巫拉加雅」。

賽德克亞族的原住民，則在人頭骨架旁邊豎立一個叫「辛巴隆」的東西；它乃是將一隻長竹竿，在每個環節處結綁幾個茅草結而成。他們認爲頭骨裡的靈魂可以藉此而昇天，而被馘首者的家人，也可以透過它而前來。

或者是把首級形的短圓型通草「塔卡南」吊在長竿的末端，風吹時會發出颯颯之聲，通草的白莖反射著陽光，發出皎皎彩光，原住民認爲它帶有無限的喜氣。並在「奇納特」的袋子裡，裝有新頭顱的頭髮，及當時使用的火頭，將它懸掛在屋內的棟樑下面，以酒肉祭拜之。

在濁水溪一帶，尚存古風的族社則把「奇納特」裝在首級形的「塔卡南」裡面，懸吊起來。另外像南澳等社，把它做得小小地，算是一種遺風。另外關於記錄獵首功勳的方法，則是在刀背或槍托上刻個記號做爲紀念。

## 戰敗所採取的行爲

經過周密企畫所發動的獵首行動，也並非每次都能圓滿成功，有時候也會受到外來的襲擊而功敗垂成，在彈盡力竭之時，萬不得已只得自盡或投身懸崖，死於幽谷，盡量避免被敵人獵獲首級。

如果同夥的人被殺，由於生還者認爲讓死者落入敵人之手是奇恥大辱所以會盡量把他藏起來，或是埋在深山裡，如果附近是不能挖掘的岩山，則利用樹枝、草葉等掩蓋起來。出草隊一旦有人被殺，即使獵獲人頭也不算成功，此時就會將首級、戰利品等全部丟棄，即便當初所攜帶的護身符「奇納托」也一併丟入溪流或深山裡。

出草行動失敗，他們只好趁著夜色偷偷回到族社，有些原住民在遇到這種情形時，就不敢再回社裡，只好在樹林裡野宿，直到社內的人察知此事，派人前來敦促他們回社，他們才於日落後回社，進入房屋之前先脫掉衣服及攜帶品，光著身子進屋，第二天，招請巫婆來祈禱祓除不祥後才將衣物收入屋內，這時候，預先釀好當做凱旋慶祝用的酒，及儲存在屋裡的水，都必須倒出屋外，然後悄然謹慎地在月亮未圓之前，不能再出征，月圓後，再占卜鳥聲，請示吉凶，再進行雪恥之戰。

如上所述，出征的行動不幸失敗、或有人戰死、受傷，他們都會認爲一定是社內有人的行爲違反族社自古以來的習慣，如果發現有嫌疑者，就會向其要求賠償，請求殺豬，實行祓除不淨的儀式。而獵首行動的領導者，則要對死者的家族付出所謂的「軋比兒」，即珠裙數件，對於負傷的人員，領隊者也會付給治療費，並殺豬禳除不祥。

獵首是泰雅族男子終生的目標，最大的希望。它能鼓舞、激勵他們的士氣。在他們的信仰中此爲成功榮耀的象徵。他們住在深山幽谷裡雖然無法求得優裕的物質，還能過著葛天氏、無懷氏的悠哉日子，但終日懷著如火般的勇氣，其原因在於他們以獵首爲最大的榮譽，將其視爲英雄行徑。這種刺激感、榮譽感再加上讚賞與獎勵，使他們對獵首行動的危險毫不畏懼。

對於泰雅族的男女老少，人生最大的樂事爲何？他們一定毫不考慮地回答是獵首。

# 第五節　排灣的五年祭

排灣族每五年舉行一次族衆共同祭祀祖先的儀式，稱爲五年祭。有些社（其中之兩、三社）只舉行一次祭祀，但大部份都舉行前後兩次的祭祀，前祭是爲迎接祖靈蒞社，後祭則是送祖靈歸山之祭祀。

五年祭深具涵意，排灣族的始祖之靈，長年居住在北大武山，但祂會每五年出巡一次，南下看看祂的子孫，沿路到每一個部落察看子孫們的生活現況，保佑其農耕、狩獵都順利平安，一直到最南端的鵝鑾鼻後再折返，照原來的路途北上回到北大武山。如是之故，祂的子孫，便在始祖之靈南下之時與北上之時（共兩次）；迎送祭祀，以求平安幸福。另外，在始祖靈巡遊之際，各家的代代祖先也會伴隨而來，所以也要迎接奉侍，請祖先暫時回家，而當始祖靈巡遊完畢，歸山途中，再到該社來的時候，各家祖先也會隨之歸山，因此在自家再祭祀一次，一來是爲始祖先，二來是爲祖靈，備辦種種祭饌，做爲禮物送諸靈歸山。

## 祭團及組織成員

五年祭的組織，乃以一族或一社團爲一個祭

團。但如果在同一社團裡有幾個族，則這些族團，都以同一天爲祭日。

在一個祭團裡，有男女兩個祭司，共同處理祭事。有些社尙設有男女兩個副祭司，以協助正祭司。有的甚至於有數個男副司。有的族社則是各個的祭司互相合作，推選其中一人爲主祭者，主持一切祭祀事務。

## 祭祀的時間與場所

五年祭照例分爲前祭與後祭。前祭是始祖靈從北大武山出發南下時，各部落沿途迎祭祂；而後祭則是祂從南端鵝鑾鼻北上回程時，各族祭祀歡送祂。因此在最南部的社，其兩個祭之間只隔一個月而已，而越北邊，相隔時間愈長。長達一年者都有。

祭祝期間的長短，每一個社雖不盡相同，但大體上兩個祭典的時間都維持四、五天左右。但在前祭的時候，要舉行刺球，所以籌備期，至少要花費一個月，有的甚至長達五、六個月。

祭場都設在頭目或祖先所居住過的住屋。倘若他的家址在舊社，就必須回到舊社舉行。祭

●五年祭是排灣族人訓練武士最主要的祭典。

祀的主要節目是刺球，因此祭場前面必須有相當大的廣場才行。

## 祭祀的方式

對於五年祭，各個族群雖略有差異，但大體上是相同的。

### 前祭

在前祭的二至六個月前，祭司會對祖靈禱祝，告以此次舉行五年祭爲七日，此稱之爲預告祭。這種祭事，都在頭目的祭屋前庭，面對豎立在那裡的豎石舉行。

在預告祭之後，男性的祭司則率領族丁進入竹林，挑選做刺球用的竹槍（矛）所需要的竹子，然後把它運到一定的場所，如果略有彎曲，則用火烤而加以矯正，然後把二、三支接起來做爲槍，並把它放置在族社的入口處。再利用相思樹的皮或是葛藤的藤蔓編成球，並且用槍反覆練習刺擊術。到了祭祀前一兩天，就把那支槍移到刺球場來。

砍伐竹子、接合竹子，將刺槍運到族社入口，甚至開始做刺球練習時，都要祈禱以祓除不淨，而這些都由祭司親自主持。

祭祀用的槍，稱爲「朱甲特」，是把大小兩支或者是大中小三根竹子接合起來做成，總長約爲四、五十尺。至於槍的數量，有的族社自古以來就是一定的，但也有些族社的槍並不固定。不過無論如何，最長的那一支非頭目莫屬，而男祭司所持的稱爲「沙奇母吉」（也是神的名字），槍很短，並在上面結綁紅布與鈴子。

球稱之爲「卡布侖」，是用相思樹樹皮或葛藤蔓纏繞而成，直徑大約是五寸，數量是四至十個，每個祭團都有所不同。這些球都賦予名稱，例如粟種、芋種、獵獸、家畜、敵人、健康等。把這些球向天空高高地拋起，然後在它落地之前，用竹槍刺擊。這個節目象徵著：接住從天空降下來的各種幸福。有一個女祭司曾說：槍就是梯子，也就是指天上幸福將順著這個槍降下來之意。

祭祀之日漸漸接近，在一兩天前就得清掃祭場，架起一個掛槍用的支棚，把槍排得整整齊齊。

●排灣族的各種祭典或慶祝活動都相當隆重。

祭祀的第一天，男女社衆都會聚集在同一個祭場。然後男祭祀起身，向北大武山的方向大聲呼請祖靈，請靈完畢後，大家就一起爲始祖靈進行供饌之禮。大部份的族社，在祭司行完供饌手續後，都會在各自的住屋內，祭拜祖靈。爾後再進行刺球活動，這種活動是爲了接受始祖靈所帶來的農作、狩獵、出草等幸福而進行的，往後的幾天仍然反覆進行此項活動。直到第四天或第五天，把始祖靈送往南方之後，才將竹槍倒放下來。在祭祀期間，酒宴連連，享盡長夜歌舞之歡。

祭祀完了之後，接著進行「馬布蘇阿奴」的狩獵行動；社裡的每一戶人家都會招請巫師，做種種祈禱，清淨身心。

## 後祭

後祭沒有前祭那麼大規模的排場，是須準備酒食，此外並無其他的儀式。如果前後祭之間相隔太久，以致祭場有所荒廢，則也只需將它略爲清掃。

後祭只是迎接從南方回來的始祖靈，所以只

要在祭場供奉些饌品即可。刺球的活動，只有在前祭時舉行。幾天後，大家準備種種供物，分裝在籠子裡，歡送始祖靈，送到社外一定的地方，將那些供物放在那裡，大家就回社裡去了。

在五年祭之後，會進行多次的狩獵，甚至有很多族社會舉行出草。所以被誤解爲「五年祭的時候必須備妥人頭」，以及「應該是要用槍刺人頭的，但如果沒有人頭，只好刺球取代」等等。以致外人一聽「五年祭」就覺得恐懼害怕。其實主要節目「刺球」，是要用竹槍接住從天而降的福份，並不是刺殺人頭啊！

## 各種禁忌

舉行五年祭的時候，上自祖先歷代諸靈以至近年逝世的族人都會隨始祖靈一起蒞臨族社，所以每一個家族，不但要注意言行，更不能有觸犯禁忌的行爲。

通常有身孕的婦女，或是不久前才生小孩的婦女，及她們的丈夫都不能涉足祭屋或刺球場。

每家在個別祭拜其祖靈的時候，前述的那些人也必須避到他們的房裡去。倘若觸犯了此項禁忌，則可能對胎兒、嬰兒有害。

五年祭時所用的竹槍，不能讓月經來潮的婦女或懷孕婦女觸摸，否則，槍會被沾污，刺球的時候，很可能會斷裂。

女祭司必須對槍屢屢祈禱，也就是要禳除此等不淨之意。

五年祭必須按照古時的慣例進行，如果方式弄錯了，神靈會發怒，而雷聲大作。

# 7／宗教與性情

# 第一節　祖靈之崇拜

在這個尙有人主張靈魂是具有具體形態的時代裡（一九三二年），原住民相信靈魂是存在不滅的，由以下兩樣事可作說明：原住民相信，人死後其魂魄會永久留在人間，和其他先祖之神靈共同聚在一起，照拂子孫的生活；而一般平地人對於人死後的靈魂去處既無從了解，也覺得不可思議。原住民稱祖靈為「奧圖夫」，人之行為若有背信忘義之處，則「奧圖夫」會降災禍於他身上。人之禍福，冥冥之中都受到「奧圖夫」的支配，這絕不是人力可改變的。他們相信，要過好日子，就必須祈求「奧圖夫」的佑護；例如獵首的行為，在平地人眼中是「凶惡」的作法，但原住民卻認為那是極神聖的表徵，是發揮男性威猛本領的最高表現。而獵首行動的成功與否，全看「奧圖夫」的意思，因為他代表最高的審判，據此可知原住民的祖靈信仰是何其深厚。原住民認為夢是人心與靈魂溝通的橋樑。惡夢就是「奧圖夫」認為對這件事應加以避開或排除之意，吉夢就是合乎「奧圖夫」之意，隨時可以採取行動或繼續進行。由此可知，他們的道義行為規範乃根源於祖靈崇拜的信仰理念。

祖先是神聖莊嚴的，除了祭祀表示感謝，許願祈求平安外，不能有任何觸犯或褻瀆靈意的事發生，所以他們訂定種種禁令，其莊重森嚴之勢，宛如太古的神權時代。這種祖先崇拜的信仰，早已深植其心，幾乎支配他們所有的習慣及道義。他們所特有的習性，都受到這種觀念的涵養，所以我們可以將此信仰視爲完整的宗教儀式。雖然它不具備一般平地人所慣用的祭祀名詞，但事實上，它已是不容置疑的宗教，而且祖靈是他們信仰的中心。

最高至尊的祖先之靈，各族對祂所稱呼的字眼各不相同。有些族甚至對於善惡雙方面有不相同的字眼。以下是各族對於神或祖靈所用的字眼。

**奧圖夫**　泰雅族

**卡阿衣**　賽夏族

**哈尼特（卡尼特）**　布農族

**海奇幽**　曹族

**突馬斯**　排灣族

**卡娃斯（沙米亞）**　阿美族

**陶烏魯特**　雅美族

●原住民相信，祖靈能完全支配他們的一生。

以上所列的稱呼都是指神或者是祖先之靈，因為各族對神或是祖靈並不加以區別。奧圖夫雖然沒有具體的形象存在，但是泰雅族人（其他種族也是如此）仍然心存畏懼，非常虔誠的祭祀。他們相信人間一切的善惡禍福都不是人意可以左右的，一切都要依照奧圖夫的命令行事。

他們絕對相信：其信仰所歸的祖靈能完全支配他們的一生。這種觀念並不是外來的，也不是被迫的，而是從他們呱呱墜地時起，耳濡目染他們的風俗習慣而培養起來的絕對信仰，因此他們奉侍奧圖夫的心情是森嚴莊重、虔誠至極。

原住民的心目中，奧圖夫時時存在他們的身邊，並保護他們。人死後的靈魂就會到奧圖夫那裡去，再獲得新的肉體，重新為人。因此他們認為人之所以死亡完全是奧圖夫的旨意。原住民語「他馬修苦•他米尼翁•奧圖夫」是「布織完了」的意思，他們相信奧圖夫安排一個人的一生，就像織布一樣，每天辛勤織布而「死」就是布已經織完之意。在織布的過程中，積善的人，死了以後，可能應奧圖夫之邀請，輕易地渡過彩虹橋，到達一個叫波肯（極樂世界）的地方，住進富麗堂皇的房子，與許多奧圖夫共同快樂地過日子。如果一生中做過很多壞事的人，就會從彩虹橋掉下來，而到「牙茲凱•奧圖夫」（惡神）的住家「亞其歐」（地獄）去過苦日子。在原住民的信仰世界中，人在世與死後之情形都是那麼鮮明絕對的。在他們看來，這絕不是迷信，而是確認祖靈存在的真實信仰。

除了祖先之靈以外，就沒有崇拜其他的奧圖夫了，僅將遙遠的先祖與剛去世的祖先略作分別。但他們唯一的信仰標的就是奧圖夫，他們敬仰祖先的程度高深莫測，遵奉遺訓的熱中態度及服從權威的行為都在你我想像之外。

崇祀祖靈的觀念演變成為他們對於土地的執著，以及愛鄉之心。對於祖先所傳下來的土地絕不能讓別人侵犯，因此只要有其他種族入侵，他們就會全族一起挺身死守。土地是他們生活的全部，社稷如果滅亡了，他們即使僥倖存活，也沒有意義。這種思想、行為就是他們對社稷族群應負的責任義務。

## 自然崇拜

原住民的宗教信仰相當原始，但卻強烈表現出豐富、虔誠的一面，台灣原住民的信仰狀況與世界各地的原始民族一樣，認爲天地間的萬事萬象，遠非人類的知識所能理解的。對於這些不可思議的事象，他們都尊奉其爲奧圖夫神，這是一種對自然的崇拜。山有山神，川有川神，天上、地上、斷崖、深淵、老樹、森林、都分別有神的存在，而在其性質上則有善神、惡神、男神、女神等，甚至有夫妻的對神。生活的四周，神無處不在，所以他們對神都尊崇敬畏有加。他們認爲，如果觸怒了神，則會五穀欠收，凶事不斷，並且帶來無窮的痛苦。所以他們戰戰兢兢，深怕觸怒奧圖夫。祭祀時殺豬、殺雞、供牲，務必符合神意，不敢稍有怠慢，希望能獲得種種恩惠及福祉。

他們的一舉一動，乃至天地之變化，無一不按照神的旨意。到菜園、出門旅行、男女談戀愛、人的生死、五穀的收成、下雨、乾旱、打雷等全都是奧圖夫的所作所爲。

在他們的信仰世界中，如果沒有神，他們一天也活不下去，生活的一切都依賴奧圖夫，依照奧圖夫之意而生而死。如果生病，就認爲那一定是自己做了違反神意的事，所以必須供牲向奧圖夫謝罪。出去打獵，如果獲取的獵物豐盛，就認爲是自己平常的行爲符合了神意，受神之恩賜。總之一切都受奧圖夫的影響。

## 崇拜祖先的觀念

崇拜祖先的觀念，源自於原始的宗教思想，尤其是東方民族特有的美德，在台灣的原住民之間，這種觀念根深蒂固，令人欽佩。

先人教示他們在山岳溪谷之間開墾荒地，避免飢餓；傳授織布的手藝，免除寒暑之患；以樹、草、石板建築房屋，躲避風雨，讓身心有休息之處。他們懷念祖先的苦勞及養育之恩澤，於是父老去逝後，孺慕之情不能自已，崇拜祖先之觀念於是形成。俗云「死則爲神」，對於所尊敬的人在死後，更感覺其偉大與崇高，自然成爲人們心中之「神」，成神之後，將一如

●原住民對靈魂不滅、死後世界的傳說深信不疑。

往昔，對子孫之幸福與安樂，給予無限的關懷。原住民的信仰是從心靈深處自然而然湧現出來的，所以他們絕不會忘記崇祀祭拜、呈獻貢物、奉慰祖靈，並且祈求祖神冥助，庇佑族社安全、家族幸福。上述這些祖神與自然界之諸神一樣，為奧圖夫中的奧圖夫，受族人尊崇。

## 靈魂不滅的信念

崇拜祖先的觀念漸漸形成，最後更演變成為靈魂不滅的信念，人死後其靈魂不死，平平順順走過傳說中的彩虹橋，到達先人靈魂的安居處。但如果在世時爲非作歹的人，他的靈魂就無法安然渡過那座彩虹橋，只好徘徊流浪在村外的樹林、河川邊。

他們對靈魂不滅、死後世界的傳說，深信不疑。

## 因果報應的觀念

因果報應的觀念，衍生於上述靈魂不滅的想法，人死了靈魂究竟往何處去？是他們反覆思索的一個問題。在現實世界裡，做了善事的人，不但雙親會加以嘉許，周圍的人也會稱讚，但如果做了壞事，不但會爲父母所責備，周圍的人也會覺得厭惡。因此死後的世界也應該一樣，在世時做好事的人，死後能夠到達極樂世界——波肯，與先聖先賢相會，享受永樂。反之，作惡多端的人，必爲父母祖先所遺棄，而掉落地獄—亞其歐，成爲流落在樹林、河川邊的可憐孤魂。死後的世界，對善惡有極嚴厲的批判，如果又遇荒年五穀歉收的事情，將更使得他們恐懼、害怕，認爲冥冥中自有安排，一切都逃不過「奧圖夫」的監視，因果輪迴自有報應。

因此在發生不幸事件的時候，他們就會懷疑自己是否做錯了事，而受到神懲罰，於是祭神謝罪，祈求寬恕。例如：久旱不雨，作物枯死，他們就認爲一定是有人做了違背神意的事，族人便會把社裡觸犯了禁忌的人集中起來，並向這些人各索取珠鍊一條，向族人換取一隻雞，交由族裏最年長的婦女宰殺，拿取雞頭及腸，帶領族裡的人，一起到河邊向神禱告說：

「許久未曾下雨，想必是有人犯了禁忌！現在我們已經從他那兒索取了一隻雞，呈供於神前，懇請您降降雨吧！」

對於各種自然現象，原住民都以因果報應的觀念理解它，可見其影響之深遠。

# 第二節　祭祀

## 祭祀的種類

原住民稱祭祀爲「斯米淵‧西米西勇」，種類非常繁多，主要有祖靈祭、播種祭、收穫祭、粟祭、狩獵祭、積穗祭、除草祭、農具祭、驅疫祭、初刈祭、開墾祭、山川祭、新年祭、小孩祭等等，不勝枚舉。

## 祖靈祭（西米運‧西米西勇）

收成後，將作物呈供給奧圖夫，祈禱祭拜，感謝奧圖夫的冥助，象徵著豐收，新的一年。

祭祀中，並議定社中大事，協議未來的努力方針，甚至會對年輕人施以應敵的秘密訓練。根據這些活動可看出這項祭祀的神聖意義。

## 播種祭（斯馬特‧西米亞特‧斯母拉特）

與祖靈祭的祭式稍爲不同，是爲了向奧圖夫祈求豐饒的收穫。司祭者在各戶家長之面前，進行很莊嚴的祭儀，並禱唸祭詞，祭詞之一例：

**茲遵奉祖先所遺留下來的慣例舉行祭典，呈**
**獻酒食供饌於靈前，仰請哂納、賜降風調雨順，**

五穀豐收，出獵時滿載而歸，出草時能獵獲多數人頭（這一段在一九三二年時已不可以講出聲），願保子孫健康平安。

## 收穫祭（西米勇・馬荷）

有時候稱爲粟之收穫祭（庫米脫也馬茲奧）或小黍收穫祭（美荷巴茲沙奧），總之是要表示，對豐收之喜悅及對奧圖夫感謝之意。

無論是那一種祭祀，不外是感謝與祈願。祭祀期間有很多禁令，不能觸犯，必須保持祭祀的莊嚴聖淨。如果有人違背，就會受到奧圖夫之譴責，甚至遭致被敵人砍頭的噩運。

## 種種的禁令

祭祀時應嚴守種種禁例：

一、斷絕對外之交通，族社外的人也一概謝絕進入。對於寄居於此的他族人士，應請其退出，不過近年來這種禁令已寬大許多；有時候甚至請外族人一起立誓，把他當作族人看待，但有些族社已經完全對外開放了。

二、檢查火源，禁止火種之傳授。

三、忌諱麻製物，因爲麻製品都是由婦女所製作，視爲不潔之物，爲了要保持聖淨，忌諱摸到它。

## 祭祀的意義

原住民的宗教相當簡陋、原始，但卻很純眞，仍處於宗教的原始階段，而未形成具體的規模。他們的祭司，也不同於外界那些靠宗教維生的神職人員。這些祭司的日常生活與一般人無異，開墾土地、耕種作物，同時爲神服務，從事祭司的工作。祭祀的意義，可以概分兩種，一即祈求奧圖夫庇佑，達成開運、消災的目的，另一則是酬神。但將上述兩種意義混合一起舉辦的，不乏其例。

## 祭司

在原住民的多種祭祀中，例如祖靈祭、播種祭、收穫祭等，一般都以祭司爲中心，訂定各項程序，依次進行之。祭司大都由頭目擔任，但有些族社是由地方上有權勢者或德高望衆的人擔任。無論如何，祭司的工作，都是臨時性

●各種祭祀，多以祭司爲中心。

質，雖然偶而也有純粹只負責祭祀事務的頭目，但畢竟是少數人。

## 女巫

女巫，或許可以說是能左右宗教的人吧。對於原住民的精神方面發生很大的影響力，甚至於也可以影響到原住民的個人生活與行爲，他的力量相當大。

原住民一年當中的各種祭祀活動，都是爲神而服務，直接、間接都有女巫參與。從祈求疾病痊癒、占卜、消災、祈願等，都爲女巫所掌握。

我們不難了解女巫在原住民的族社裏潛在的龐大勢力。依據她們的祈禱，轉述神的旨意。她所述及的內容，小則關係個人禍福，大則影響到全社的安危。如是之故，表面上她的勢力還在頭目之下，但在某些方面恐怕早已超越頭目，不同的族社裏，女巫的勢力程度或有消長，這是在所難免的。以下是一個關於女巫作法，影響原住民活動的實例。

草山社的頭目寇諾文宇拉諾家發生了火災，

爲了查究起火的原因，遂請女巫來作法。這個時候，當地的警察，私底下賄賂了女巫，要她告訴頭目：「原因出於社衆對政府的命令不夠服從」。結果草山社的原住民變得相當馴服，管理容易。

另外，力奇力奇社於一九一四年事件發生後，女巫作法所說出的神旨，雖然並非受警察之賄賂，但產生的結果與上述草山社一樣。

關於女巫的來源及產生方式，是採行代代相承制，或師徒相傳制。這種傳承學習的過程，繁簡不一，沒有一定的模式。通常得先學習如何轉述奧圖夫的旨意，及如何招延祖靈。之後的學習項目就多式多樣，相當複雜了。關於師傳的傳授方式，例如在排灣族，做弟子的必須在師傅家待三年，一方面替師傅處理家事雜務，另一方面接受師傅所傳技術。在作法的時候，女巫的神情非常認眞，先是唸咒文，乞求神靈降臨，傳達神旨；唸咒文時，女巫則陷入自我催眠狀態，很像佛教裡所說「無雜念、無雜想」的境地。而其咒文內容，短則唸十來分鐘即完，長則要唸上大半天。一旦神靈降臨，女巫就開始口述神旨，轉述完畢後，她就如夢初醒般，一副筋疲力竭的模樣。會作法的女巫，每個社至少有四、五人，多的甚至達二、三十人。

另外也有男巫，所做的工作，與女巫相似，但人數極少，所以影響力相當有限。

從事收驚、祓除不祥工作的巫者，其地位、權勢都無法與女巫相比，但也有女巫兼營收驚、祓除不祥的工作，端視各族的情形而有不同。

## 儀式

原住民一年當中所有的節慶活動都與奧圖夫相關，因此他們年中的節慶活動，都具有宗教性質。祭事儀式程序的複雜性令人歎爲觀止。生活中無論遇到甚麼事，都必須呈獻貢物，向奧圖夫祭拜、祈禱。令人匪夷所思的是，原住民他們那種單純的想法，怎麼會產生這麼複雜的宗教儀式？

她們爲了要學習儀式的程序與方法等，必須耗費三年的時間在巫師家裡學習。對於種種繁瑣的祝禱儀式，女巫們也只是知其然而不知其所以然，巫師教她們這麼做，她們就依樣畫葫蘆。但如果學習者的反應不夠靈敏，三、五年仍無法學會。只好半途退出，另謀發展。

儀式的種類，從大型的祭典到林林總總的諸多迷信，其奉祀神明的種種程序，表面上看似雷同，其實有許多相異之處。像粟祭那麼大的祭典活動，會持續進行七天至十天，而且每天都依照不同的儀式方法進行。播種祭則有播種祭專用的儀式，收穫祭、乞雨、求晴、驅疫、祓除病魔、結婚、離婚、出草、狩獵等等都有一定的儀式，儀式的繁瑣複雜非筆墨所能形容。

## 費用及酬勞

原住民全族社的祭禮費用，頭目與有權勢者必須負擔大部份，而每一戶則酌量分擔。但如果是針對個人需要所舉行的祭祀祈禱，應給付給女巫或厭勝者的酬勞，則因人而異，沒有一定的規定。依照一般祭祀與祈禱的規矩大都付予珠裙一件、珠仔一條等，或是其他物品，做爲報酬。偶而會以金錢作爲報酬品，但這種情形畢屬罕見。某些族社的人將報酬與祭祀混爲一談，認爲沒有報酬祈禱就失去了效力。不過大部份的人還是認爲報酬與祭祀之間沒有直接的關連。祭祀的執行者如祭司、女巫、厭勝者，他們平常與普通人一樣，從事耕種、栽培粟類等穀物，所以並非以祭祀報酬爲生活收入，多少有無並沒有太大的關係，只是對族人額外的服務，所以並不影響祭祀的效力。

## 祭堂

分佈在南部的原住民，他們興築靈屋，作爲專門祭拜神明之用的小屋。例如「知本社」戶數是三六二戶，其中約有三分之一戶擁有靈屋。北部的原住民似乎沒有這個習慣，但他們視自家住屋的正門入處爲最神聖的地方，於高約五尺處，築有一個一尺五寸四方的凹處，規模較小的祭祀都在此進行。他們將這個位置當作祖靈及神莅臨的地方，但也有少數人放在入口處的側邊。以原住民的生活程度看來，它已具備祭堂、佛壇的雛形了。

# 木像與雕像

在南部原住民的族社中到處可見祖靈的木像或石像。而這些木像、石像上面，都刻有男女的生殖器，相當坦然露骨。然而他們卻認爲理所當然，因爲雕像上有的人體都有，不足爲奇。

另外，在原住民的想法中，他們的祖先是蛇的化身，因此很多雕像都以蛇身呈現，雕刻蛇像，就意味著祖先之靈。而這些雕像中有些是新的，有些正在雕刻，他們認爲新的雕像代表父母或祖先之靈，而非神像，年代久遠的雕像才是先祖神靈寄宿所在。凡此種種現象，說明崇拜祖先的觀念正漸漸進化，從祖靈神格化進入偶像崇拜的過程。

●原住民各族社可常見祖靈的木像或石像雕刻。

## 第三節　虔誠的信仰

原住民在進行祭祀時態度十分莊嚴、虔誠，他們視其爲神聖之事，關於祭祀的方式與程序，並非祖先刻意的傳授下來，而是他們自己實地觀察模仿而來，也因此，根深蒂固地建立了他們的信仰而流傳下來。這種信仰力量無與倫比。雖然他們的外表看似粗暴、放縱，但當他們心裡浮起奧圖夫的時候，他們的言行舉止馬上會變得嚴肅寧靜。他們如果違背了這種信仰，在精神上會遭受很大的打擊及苦悶，往往因爲受不了精神上的苛責，而產生怪異的行爲與乖戾的性格，必須盡速向奧圖夫祈禱，以求順應其意。因此他們的行爲舉止有時候並不能以常理來加以理解，畢竟生活上的一切，都受這種信仰所支配。

在他們的社會裡，並沒有「做人要謹愼」的教條，但他們相信奧圖夫無時無刻不在監視他們的行爲。即使是單身獨處的時候，心也惦著奧圖夫的旨意。

舉凡所有民智未開的民族，不論東方或西方都很自然純樸。他們的言行率直、粗獷不懂禮節，在他們的心裡也沒有文明人那樣複雜的精神狀態，曲折迂迴、玩弄權術更是談不上。

台灣原住民的心理狀態和世界各地未開化民族的性情極為相似，自然、樸實、單純又率真。例如他們在播種祭的時候所唸的祈禱文：

**西・西美阿特、由茲巴溪、魔西庫、嘎蘭嘎嘎、哎哎凱安嘉、普西巴茲加、雅邁、普西巴茲加巴隆、米又茲巫西耀。**

（譯文）遵照祖先所留遺教，茲巴溪、魔西庫將要播種了，當所播的種子萌芽的時候，請把石頭裂開，把枯木移開，讓種子發芽吧！

這是多麼單純、率直、可愛的想法啊！

然而當我們思及他們獵首的陋習以及交戰時所用的策略時，又會覺得他們殘忍可怖，似乎不見純樸的特色，但如果我們再詳細思考這件事的另一層面，可能有新的體認。

現在我們針對他們被視為罪大惡極的獵首習性來加以探究，其實這種活動的主要目的在於裁定重要的爭執，或者是要洗刷嫌疑、冤枉、祓除惡疫的流行、化解凶兆之類。但他們最終的想法就是：違背了奧圖夫之意，必須出草獵人頭向奧圖夫請罪。

奧圖夫的遺訓，一種嚴肅的倫理道德指標。如果不是為了遵從至高無上的奧圖夫，出草獵首的行動絕無法貫徹，翻越重山、橫渡急流，以單薄的人力，強行獵首行動，危險是可預見的。

誰能說他們是為了一時之興而獵首的呢！

因此並不如外人所想像的僅為殺人砍頭、粉碎消滅敵人的勢力、侵略對方的領土、搶奪對方的財物等等。他們認為要判斷是否符合奧圖夫的意旨，只有一個辦法，以能不能獲得人頭而決定。只要能獲取人頭就表示已經符合了奧圖夫之意，不管被砍殺的人是誰，以最容易得手為首先要件。受害者往往是無怨無仇的第三者。

他們視獵首為神聖的行動，因此一生當中至少應該獵取一次人頭，否則會被奧圖夫認為是不肖者，死後不能進入波肯，因此，在晉身壯年之際。必須獵取到人頭，以完成一生一次的重大責任。如果想要顯耀自己的勇武，獵首行動並不只限於一次，可再三行動，打垮情敵贏取心愛小姐的芳心，常是獵首的勇武表現方式。

他們又認爲：如果沒有奧圖夫的冥冥相助，絕不可能成功，因此當他們達成目的回到族社的時候，就會舉行慶祝大會，酬謝奧圖夫，二、三天的宴會，載歌載舞、盡興而後已。

然而上述情形也因種族的不同而有些差異，但當我們通盤觀察這些情形，都會爲他們由單純的動機而演變到觸犯殺人的大罪而大吃一驚！

如前所述，他們對於獵首並沒有複雜的原因，因此當他們獵到後，一方面像小孩似地高興，但另一方面他們的良心也有一股難於抑制的矛盾，悲傷的如小孩般，其情又何以堪！歌頌馘首榮譽的歌，並不足表達喜悅之情，反而是傾訴哀愁之情的歌曲，對於死者的家族，體恤之情相當悲切，當他們凱旋回社，接受酒宴所唱的歌是：

**沙吉把古、吉差伊那　歐加拉比舜、馬地馬利　雅那舜　阿拉加拉比舜　阿奴馬雅　差以少利安　烏把利干**

（譯文）我今取了你的頭，你的雙親必定如被老鷹抓走了小雞的母雞那般哀傷。

你被砍頭，是你的運氣不好，認了吧！

在我們社裏這可是一件榮譽啊！

由此可以了解，獵首後的狂熱心情，只是長年累積下來的習慣，他們並非眞的嗜殺，有愛有淚他們也是人啊！

# 第四節　音樂嗜好與樂器

原住民擁抱大自然，生長於深山幽谷裡，性情自然是純淨無邪，而他們的審美眼光，亦獨具特色，沈靜而雅緻。但他們對本身的特色卻毫不自覺，只是喜愛樂器，對聲音特別敏感，他們並不直接讚美大自然之美，但是對月亮卻情有獨鍾，每每感於月亮的靈光而通宵歌舞，他們也是大自然的子女啊！對於美的表達方式，他們有歌謠、舞蹈、音樂、雕刻、刺繡、織布的花紋等等。

他們的歌舞樂曲單調而原始，但各族亦各有特色，不分男女老少，皆能哼哼唱唱，載歌載舞熱鬧非凡。

歌謠分爲兩類，一類是用於祭祀時所唱的古老歌謠，以及平常隨處可唱的通俗歌謠，通俗歌謠不外是歌頌友愛、戀情，但對於大自然卻好像不怎麼關心，對歌頌花鳥風日的歌謠少有所聞，大都是針對人的感情而抒唱。

幾個人或是幾十個人圍成圓圈邊舞邊唱，不過大部份都是男子著盛裝跳舞比較多。有時候是幾個人爲了酒興吹著羅波嘴琴跳舞；也有單人跳的時候，尤其是少女翩翩起舞，就好像蝴蝶在花叢中翻飛，爲了禮貌，必須由長老制止才能停止，因此往往有人跳到不支倒地。

樂器包括有嘴琴、弓琴、笛子、杵（音）、竹鼓、大鼓、大鈴、小鈴等，其音色大都含有哀愁的意味，只要聽過一次他們的演奏，那種嫋嫋的餘音，必定讓你對原住民的情懷永生難忘。

嘴琴就是一般所稱的猶太琴（JEWSHARP),泰雅人稱它爲「羅波」。將長約三寸，寬約三、四分的竹片，把它的肉削得薄薄地，在中央處開個細長的孔，在孔的右端緊繫一片極薄且會振動的黃銅片，左邊則不綁，使其能自由振動。竹片的左右兩端裝條繩子，用左手拿著，把竹片的凸面抵著嘴，用右手輕輕拉著繩子，就會發出類似琵琶的聲音，它的音律是利用線的拉放及呼吸來控制，有時候甚至可以用它來做爲交談的工具。尤其是年輕人，細膩的愛情對話，常常用「羅波」來傳意，這是原住民各族都有的獨特樂器。乘著酒興，吹著嘴琴跳舞是一件極有情調的事。

弓琴，大部份爲南部，尤其是布農、排灣族間所通用的樂器，找一支長約兩尺、寬兩、三分的竹子，剖開做成弓，將月桃的纖維搓成線，做爲弦，把它的上端抵在嘴上，左手拉住下端，用拇指、食指按著絃，控制音律，用右手拇指、食指撥弄弦中間處即可彈奏出聲。

鼻笛，南部各種族，尤其是排灣、布農人使用的較多。找一支長一尺四、五寸，直徑兩、三分的藤竹兩支，每支都穿三個孔，並排綁著，笛子上端抵住鼻孔，吹氣，以指頭開閉笛孔調整音律。

竹笛，有直笛、橫笛兩種。直徑約五、六分，長約七、八寸到一尺左右的竹子，在上面穿三、四個孔，裏邊穿一個孔，有一點像日本的笛子。這種笛子，大部分是用於慶典，尤其是出草、戰鬥凱旋歸來時吹奏之用。偶而亦用於婚禮之中。

大鈴、小鈴則在盛裝時使用。把它綁在腰際、上衣下襬、或綁上幾十個大小鈴子，在狂舞之際，發出清脆悅耳的聲音，也算是一種樂器吧！

特別珍奇、値得一提的是「杵音樂」，就是所謂杵音，它與日月潭水社原住民之名，一併被傳頌著，水社原住民因爲杵音而遠近馳名，其

●嘴琴是原住民特有的樂器。

●手執長杵，圍成圓陣，發出的杵音哀怨、動人。

實這種杵音的老家是布農族，水社原住民（可能是曹族）不知從何時起搶盡了布農族的鋒頭。現在杵音反倒成了水社原住民的重要樂器本來杵音是布農族各社所通行的一種音樂，大部份是在屋外廣埕演出，在舖滿石板地中央留個洞，上面用較厚而扁平的大石蓋住，上面放些粟，然後有七、八個到十個男女，各拿著長五、六尺以至丈餘粗細的各種長杵，圍成圓陣，按著一定的節拍搗粟，因爲所用的杵有長有短，粗細亦各不相同，再加上每個搗擊手用力有輕重，有快有慢，因此搗打石面所發出的聲音自有不同的節律，帶有一種哀愁、微妙的餘韻，繞著山谷至爲悽婉，這種杵音，本來發祥於搗粟的實務工作，但如果不搗粟，每當滿月靈光感照，年輕人則集合起來，搗一搗石板享受杵音之樂，由此我們可以看出他們對原始音樂愛好的程度。

# 8／迷信

# 第一節　信仰與迷信

原住民的生活裏充滿著迷信，但在他們的眼中，那些都是千眞萬確之事，它的威力及影響面都與他們的生活有著密不可分的關係。以他們的立場看來，那絕不是迷信而是眞有其事。

茲舉出幾個例子於後：

例如：發生流行性感冒，死了許多人，正巧遇上有人在附近開鑿道路，他們可能就會認爲，這違背了他們的習俗，開了偌大的道路，違背祖靈之意，甚至可能發動出草等凶暴行爲，以慰祭祖靈。

接連幾次發生乾旱，又適逢正爲興建山地警察駐在所而加以砍伐樹木，就認爲此乃祖靈對於伐木行爲不滿，而降下的災害。

甚至連續發生狩獵不順的情況，而剛好有官府正在指導水田耕作，他們就會認爲水利耕作之事，不合於祖靈旨意所致。

如果在他們的芋頭園裡發現很多蟻蟲，爲害農作物，他們就認爲是警察駐在所人員養蠶抽絲，弄死了蛹，而招致神譴。諸如此類不勝枚舉。

凡是只要和他們舊有習慣有所違背之事都將觸怒祖靈的想法，根源於他們的排外思想，其他種族的宗教信仰都被斥爲旁門左道，他們一致認爲要除去這種不吉利的事，就得遵行祖訓，並進行慰靈儀式—獵首行動，有時候他們會不擇手段，做些違法的事，發生不必要的犧牲。

這些行爲都是出於崇拜祖先的觀念，而這種錯誤的信仰方式，對於他們的慣習以及道義觀念產生很大的影響，例如原住民特殊的性格、嚴格的男女關係、徹底的制裁方式，在在都是由這種信仰所涵養、並維持著。如果有人觸犯了這些戒律，那麼他不是被殺，就是被放逐，永不能回到族社，由此可見他們特有的道義與習俗。

## 祈禱

所謂「茲拉揚」即是祈求疾病痊癒的祈禱儀式。巫醫做法，請示奧圖夫（神），如果神示意：「不會好」，就不再繼續祈禱，但如果出示：「會好」，就即刻進行祈禱疾病痊癒的儀式。祈禱的方式因疾病的種類不同而不同。以疼痛爲例，即以手沾些灰，並拿著米粒、菖蒲的根，唸咒文，並在病者的額頭及患部，吐一些唾液，然後用灰、菖蒲的根及米粒加以擦拭。如果是頭痛，就將一小片豬耳朵、豬皮及豬腿肉、米粒，盛裝在樹葉上面，用麻線把它掛在竹竿上，綁在患者家東方的樹上。

「甘邁西‧卡亞兒」則是一種指求雨、求晴的祈禱儀式。

求雨之時，全社的人一起到溪邊，殺豬放血，女巫做法祈禱後，大家一起向天喚雨，他們相信，這麼做就會下雨，求晴儀式的進行，必須到山上去，殺豬並燃燒一種叫做「苦奇伊」的樹，待女巫祈禱之後，大家齊向天求晴，方式與求雨的情形差不多。

其他如驅除蟲害，避免農作物等遭盜竊，避免粟黍受蟲鳥獸之害。或者是祓除橫死、病死者等不祥之氣，甚至避除天花、麻疹等流行病等，他們相信只要進行祈禱儀式就可以達成目的。

## 詛咒

受人侮辱、虐待，或者是財產被人橫領，自

●原住民的祭典，除了慶豐收，也可以向天地祈求。

己的親族被人殺害，原住民有時候會想以詛咒的方式來洩恨。而禳除不吉不潔、轉禍爲福也可以用詛咒的方式，詛咒可以自己做，也可以請女巫來進行。

此外，對於使用妖術、魔法的人，稱之爲「哈烏內」。

據說哈烏內偷偷地飼養一種叫做「哈烏內」的小鳥，全身赤紅，只有一隻腳，樣子有點像鴿子。他可以利用這隻「哈烏內」來詛咒他人，而他人是看不見那隻鳥的。如果哈烏內想要詛咒一個人，便馬上將「哈烏內」附身其上，加以施法作祟，甚至可以將對方致死，如果哈烏內想要奪取別人的財物，可以馬上支使哈烏內這麼做。所以原住民很忌諱哈烏內，如果某人被懷疑或傳說養有哈烏內，族社之人會立即襲擊他，毫不寬赦。

## 占卜

通常占卜吉凶的方法有兩種：鳥占與夢卜。除此之外，女巫可以向奧圖夫請示疾病的吉凶，有時也可以根據日月星辰的現象來判斷其吉凶。

**鳥占**：出門遠行的時候，他們會根據「西以雷克」（像綠雀的小鳥）的鳴聲與牠飛行的方向，判斷此行的吉凶。如果是凶兆，就算已經出發了，仍然必須折返回來，或者在原地滯留停頓，等到吉時再出發。

**夢卜**：稱爲「他拉母•西培」，利用夢來判斷吉凶。在出草或者是戰鬥的時候，每到一個地方，都會做夢占卜以判斷其吉凶，夢如果屬於凶，就必須折回，或者是停在該處等待吉夢後再走。在開墾或者建屋的時候，必在該土地上面豎立左右兩支木柱，上面架隻橫木，上面掛上木鈎，然後以那天晚上的夢來占卜吉凶，如果屬於凶，就停止這項工作。

# 第二節　禁忌

奧圖夫的命令是神秘、至高無上的。因此日常的起居作息應該全部依照祂的意思進行。他們相信，只要有所違背必將招致災禍。因此他們的一舉一動無不受禁忌所約束，各族都有不少屬於該族特有的禁忌，但我們僅敍述一些較爲一般性的：

一、男子不可織布、餵養家畜、打掃或其他的婦女工作。

二、男子不得觸摸婦女所使用的器具。

三、祭祀、狩獵、出草時不可摸到痲。

四、全年都不能熄火，但是在祭祀或者有不祥事發生的時候，就要換火；而且不能與病人共同一堆火。

五、在祭祀、播種、收穫期間，不可與社外的人來往，也不能踏進他人的耕地。

六、不要在屋內食用魚貝類。在某些祭祀中也禁止食用。

假若有人犯了禁忌，一定會發生災害。災害有兩種，一種是發生在個人身上，一種是波及社內全體的，尤以前者產生的機率較大。如果希望得到救助，必須依賴善奧圖夫的冥助。

# 第三節　其他的迷信

原住民對於神、祖先之靈，全都稱爲奧圖夫。但奧圖夫也分善惡奧圖夫，善奧圖夫叫做「巴拉苦‧奧圖夫」，惡奧圖夫叫做「牙凱‧奧圖夫」。巴拉苦‧奧圖夫是善良的祖先之靈魂，會保護、庇佑子孫，而牙凱‧奧圖夫就是祖先以外的惡靈，或是死於非命者之靈，或者是爲巴拉苦‧奧圖夫們所排斥之靈，與人世間所謂的無賴漢相似。原住民相信，如果遭受牙凱‧奧圖夫作祟所害，必須求助於巴拉苦‧奧圖夫（也就是祖靈），方能平安解危，因此無論遇到任何災害，他們非常依賴善良祖靈之冥助。

人之死，叫做「塔瑪修苦，他米尼翁‧奧圖夫」，原意是「布織完了」，意謂奧圖夫掌握人的一生，就好像織布一樣，每天每天織下去，當他織完時，也就代表走完人生旅程。織布的時候，積了善行的人，將應奧圖夫之邀請，輕易地渡過彩虹橋，到達波肯（極樂世界）美侖美奐的殿堂。但如果在織布的時候爲非作歹，死後將無法順利通過彩虹橋，而將掉入牙茲凱‧奧圖夫的住家亞其歐（地獄）去受罪。

日蝕、月蝕、彗星的出現，在他們看來都是凶事的前兆，他們相信將會發生戰爭或是流行惡疫。

太古時代的某個勇士用弓箭射殺了太陽，流了血後的太陽失去了光彩，熱度也緩和下來，變成現在的月亮。

而飛散的太陽血塊變成星星。

地震，相傳是棲息於地底的熊，搖動身軀所產生的震動。

天候丕變，大風大雨來襲，表示一定是有人做了不乾淨的事，或者是同族之間有人橫死所致。

事實上，在原住民日常生活的所有行爲，無一不與迷信相關，生了雙胞胎，有時候甚至當他們是畜生再生，不是活活生埋，就是殺死其中之一。而生雙胞胎的婦女更羞於見人。至於嬰孩的臍帶，男嬰的放在彈藥殼裡，女嬰的就放在織布機中；他們相信這麼做，嬰孩長大之後，男的長於武藝，而女孩則有非凡的織布技術。

●許多大自然的現象，在原住民的眼中都代表凶吉之兆。

# 9／語言、計數及文字性的記號

# 第一節　語言

目前（一九三二年）原住民共分七族，但如果能以語言來細分則較爲恰當，所以在下表中加了賽廸亞茲卡、卡那布，沙羅亞、魯凱以及彪馬五個種族，不過，其中賽廸亞茲卡的語法大致與泰雅族相同，只是單字方面有些差異而已，所以不必分爲另一個種族。彪馬他們不但是單字，甚至於語法方面都與排灣族大異其趣，所以可以把它獨立分開來，視爲另一個種族。

至於卡那布，沙羅亞（四社部族），一般被視爲曹族。而魯凱（下三社部族）雖通常被歸爲排灣之一族，但是在語言單字上卻有很大差別。然而因爲語法上的定位還沒有明朗，我們就暫時使用以往所稱呼的七種族分類吧。

各種族的語言、單字及語法上，大體與南洋群島的語言相類似。其中雅美與呂宋巴丹島土人的話幾乎是相同的。其他的也只是在程度上有所差別，而其實是相當類似。這一點是毋庸置疑的。

# 第二節　計數

七個部族的數理概念都相當模糊，所以他們的計數法也就顯得很幼稚。數詞僅從「一」到「十」以及「百」等十一種數詞，或再加上一些特殊的稱呼（排灣族中的彪馬、曹族，布農族對於三百有個特異的名稱）對於千、萬則沒有一定的名稱，所以千爲十個百，萬爲十個千或十十百，實際生活中，他很少使用千以上的數值。大部份的人，連百以上的數字都視爲畏途，僅以「像樹葉那麼多」、「像溪底石頭那麼多」、「像螞蟻那麼多」來形容。數東西的時候，都利用手指頭，方法是先將左手握拳，再由小指起依次伸直，表示一二三四五，然後再屈右手指，依樣從小指起依次六七八九十地伸直；十一以上，則反覆以上的動作，或者是將腳指也按照手指的方法運用。如遇數量大些者，則用石塊、樹枝、茅莖等。這種數方法各部族大致上都一樣，如果要舉出一些手指運用法稍爲不同者則有：

一、內太魯閣地方的人，從左手的小指開始彎屈數數，依次到拇指，然後再從右手的小指起依次到拇指。

二、阿美族馬太鞍社從右手拇指開始彎屈到

小指，再從左手的拇指彎屈到小指，再從左手的拇指彎屈到小指爲止。

三、排灣族卑南社的人，先從左手的拇指彎屈到小指，到了六則由右手的小指開始彎屈而至拇指。

各種族皆利用手指頭做加減計算，他們不懂得乘除，因此如果需要就是將樹枝、石塊或其他的物品，設定一定的基數，在每一個數額下，依照需要量，將樹枝或石頭一個、二個、三個，依次堆上去，完畢後就知道乘積了。如果在一定基數上，將需扣除的數量，用樹枝、石頭替代一個個地依次分配，如此就知道答案了。如果有幾個人要分配幾十個東西，必須一次一個人，依序輪完爲止。

計數方面的知識如此原始，度量衡的觀念可想而知，要測量東西的長短，就用手與指頭，短的東西以拇指、食指或中指的長度爲基準；長的東西就用伸展雙手時拇指尖到小指尖的長度爲測量基準。各種族對於指尺及手尺都有一定的名稱例如一指尺、兩指尺或者是一手尺，兩手尺等等。

測量重量也是利用手，將物品放在手中測量，或者用雙手拿著相互比較，僅此而已。

容量方面，像稻穀、粟等，帶有穗子的穀物，把莖部弄整齊，然後用拇指與食指抓握一把的容積爲其基準單位。這種一束或一把的單位，各族都有不同的名稱，而以百束爲一把者比較普遍。

計算日子的方法，是拿一條線打出很多結，每天早上剪斷一結；或在梳齒上捲幾個線圈，一天解開一個；換句話說，假設先生要去台北旅行，預定需要十五天的時間，那麼做太太的，就在梳齒上面捲十五個圈，每天解開一個，藉以計算先生的歸期。

# 第三節　文字性的記號

各種族似乎都沒有文字的發明。然而，如果文字的目的只是將意義的表達化爲視覺訴求，依此角度來考量的話，那麼他們當中也有文字雛型的存在。

遇到歧路，結草以示行進方向；撿到了流木，則在上面放個小石頭以示優先佔有；或將茅草尾打個結，表示對蜂巢的佔有權；或是在草莖上打幾個結，表示數目或東西的數量等等。上述這些方法，是在天然物上略作記號，傳達意思。此種也在自已的刀柄或其他用具上面雕刻三角形或十字形記號，以表示所有權，雖然都只是些簡單的記號，但這種種方法，無非是想透過視覺傳達意義。

關於黥面及其他各種裝飾圖案等，北部的種族大多用對稱性的線條，而南部的種族則直接臨摹人、動物的實體。或者是把物品排列雕刻，引起人的聯想。據說布農族裡有一位頭目雕刻圖書曆，很明顯的，這是一種有條理的思想記錄，再予以系統化，就可能達到文字的境界了。

●原住民的用具都雕刻有自己的記號，以示所有權。

# 第四節　原住民所創造的祭事曆

山中無甲子，對於住在山中的原住民而言最貼切不過，計算月數，甚至年數，似乎都是多此一舉，更談不上曆表這一類東西。如果要計算日子，就把所需要的日數，用麻繩照日數打結，過一天解開一個結。或者是依照月亮的盈虧，大約地推測，差不多是上個月的這時候吧！。以年來說，他們會說：「啊！石南花開了」。從上次花開到現在可能過了一年，如此模糊的數字觀念，難怪有人不知道自己實際的年齡，也就不足爲奇了！

有些年紀較大的原住民已警覺到祖先世代所流傳的年中節慶活動，以及族社每年所舉辦的各項重要活動，已逐漸疏忽遺忘，所以他們希望把這些重要活動的日期正確的傳給代代子孫，於是做出某些記錄。

卡尼特彎社（布農族）的頭目塔龍母馬格拉潘，即按照父親長老們的記憶，花費無數心力創作出原住民的祭事曆。

有人說原住民（布農族）之間，過去曾經有過文字，但在某一次洪水中流失了；也有人說因爲大火而被燒掉了；所以沒有流傳下來，不過這些都是沒有什麼証據的傳說。

原住民的祭事曆，是一張長約三尺，寬約四寸的圖板，先行雕刻，再用鍋墨染色，是創造者親自雕刻成的。在原住民的社會中，這是一種嶄新的嘗試，以前從沒有人做過。

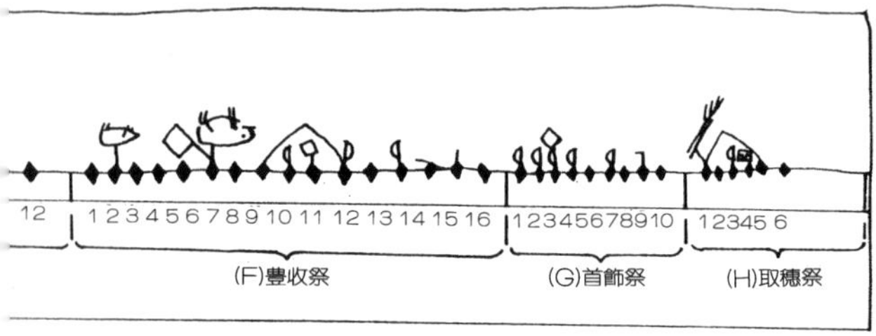


## 雕刻內容之說明

- 刻痕表示一天。
- 用平底鍋煮粟釀酒。
- 表示禁止砍柴的日子。
- 廣而平底的竹籠（稱卡邦）裡裝著芋頭。
- 卡邦裡裝粟。
- 表示出獵。
- 鋤頭的形狀，表示開墾或耕作。
- 計算卡邦裡面的粟
- 開墾旱田。

●布農族文物之寶——木刻畫曆。

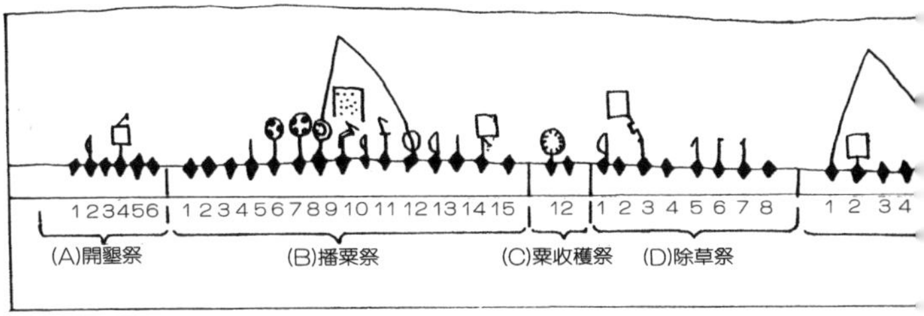


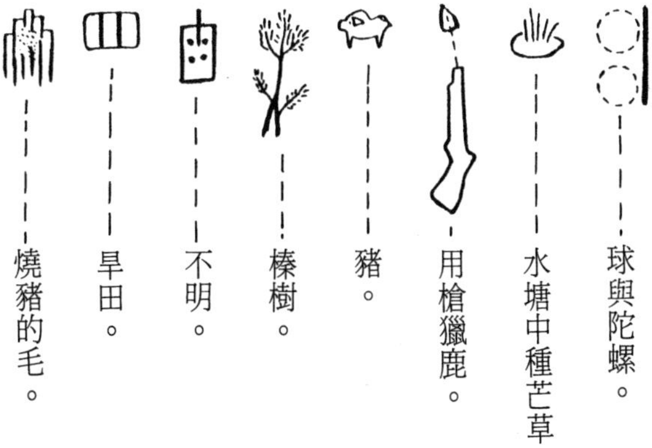


## 雕刻代表的意義

雕刻板上的直線，表示活動的時間間隔。每一種活動，少則兩天，長則十幾天。

## 開墾祭

▲第一天稱爲「拉庫諾」。在開墾之前，主祭者每夜卜夢，有吉夢的第二天即爲「拉庫諾」，從那天開始開墾，並把糯粟浸水，準備釀酒。

▲第二天稱爲「卡波拉斯」，開始釀酒。

▲第三天休息

▲第四天稱爲「卡康厤」（耕作菜園之意）。一清早模仿鹿蹄耕作菜園的動作，祈禱粟及穀物豐收。

▲第五天叫做「羅克孫丹高」（綁鋤頭之意），從前，祖先用的都是石製的鋤頭，所以把現在所用的鋤頭綁在樹上，象徵石鋤頭。

## 播粟祭

大約在農曆春節（正月）後舉行，爲時約十五天。

▲第一天稱爲「拉庫諾」。主祭人每天卜夢，獲得吉夢的第二天，即爲祭事的第一天。

▲第二天「西拉凱塔南」（意指取榛木）。將所要開墾土地的一小部份，清除的乾乾淨淨，並將那裡的榛木拿走。

▲第三天「馬可細巴嘉伊塔南」（意指分配榛木）。將昨天拿回來的榛木，分配給參加的衆人。

▲第四天爲「坦巴尼海里」。在地上豎立三根檜木，中央處放置「拉可」（一種可以當肥皂用的樹果子），祈求在種粟的過程中，不遇到暴風雨。

▲第五天叫做「奇那倍克」。要製作粟粿。

▲第六天叫做「馬新哥泰」（轉動芋頭之意）。把芋頭放在廣而平底的竹籠裡，左右搖晃。

▲第七天稱爲「毛美特拉斯」。是要把粟子從粟穗上摘下來的日子。這一天開始出獵。

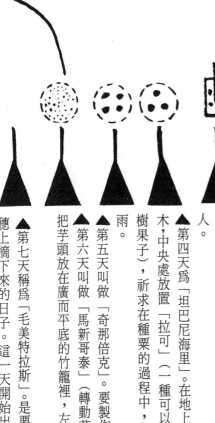

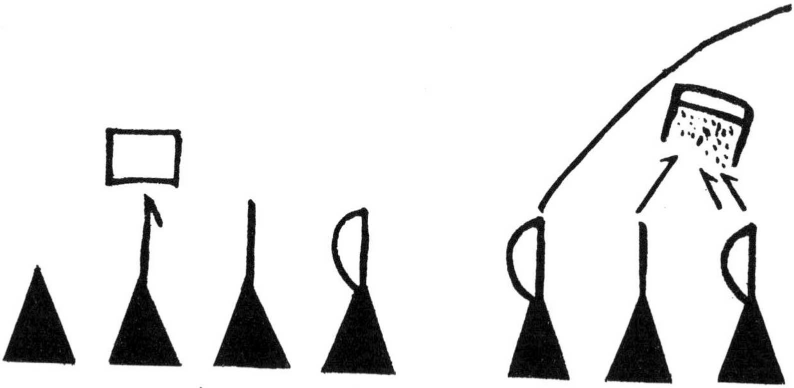

▲第八天叫做「布拉可」(播粟開始)。做些形式上的播粟動作把糯粟浸在水裡，準備釀酒。

▲第九天為釀酒日。將第七天摘下來的一部分粟，用作釀酒之用。

▲第十天叫做「馬卡西加西」。一面用鋤頭鬆土，一面播粟。

▲第十一天「巴拿辛羅克」。這天打獵回來，喝酒慶祝。

▲第十二天稱為「西亞茲波」。播粟結束。

▲第十三天稱為「伊散卡波」。要倒掉圍爐裡的灰。

▲第十四天，因為播粟已經結束，禁止砍柴。

▲第十五天稱為「伊桑露斯阿南」。播粟祭大功告成。

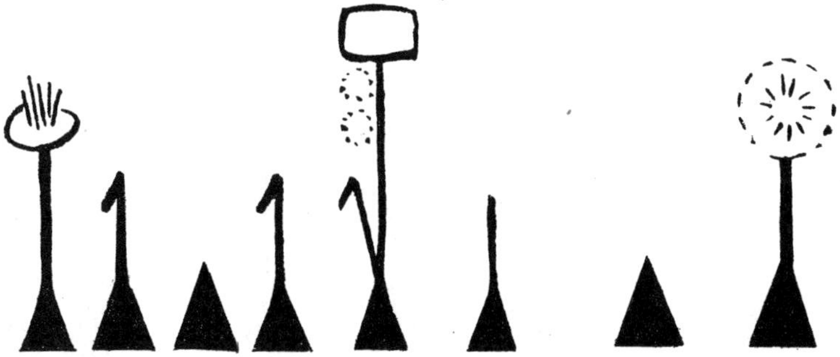

## 粟收穫祭

▲第一天叫做「馬西波累以哥魯」(數穗之意)。將每一把粟穗各拔出一支，數一數。

▲第二天休息，祭祀後開墾蕃薯園。

## 除草祭

▲第一天叫做「民可拉歐」。開始除去粟園的雜草；並剝取一些桑皮做球，而後釀酒。

▲第二天叫做「摩西亞烏爾」。玩球與陀螺，並喝酒等。

▲第三天模擬除草的動作。

▲第四天休息。

▲第五天除去粟的邊草。

▲第六天叫做「馬西布索克」。把芒草立在水塘中，祈求粟子發育良好。

▲第七天正式開始除去粟園的雜草。

▲第八天休息，仍繼續從事除草的工作。

## 打耳祭

▲第一天叫做「波西凱布」。是打耳祭之開始，這天開始出獵。

▲第二天稱爲「馬雷斯安」。禁止砍柴。

▲第三天稱爲「米賽布賽布」。把芒草與黍種在一起並燒些豬毛，希望這些作物聞到豬毛的香味很快成長。

▲第四天休息。

▲第五天釀酒。

▲第六天叫做「卡巴多西」。出獵者回來。

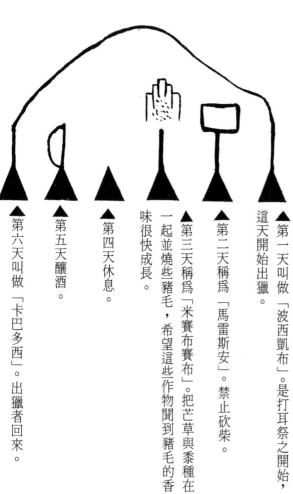

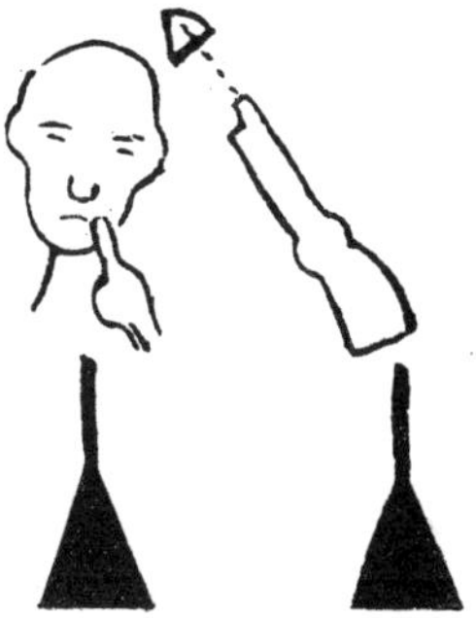

▲第七天叫做「馬那克太嘉」。一大早用槍或是弓箭射鹿耳，然後喝酒。

▲第八天叫做「馬哈拉苦拉波斯」，用手指頭沾酒讓嬰兒嚐嚐，母親也要喝。

▲第九天稱為「比西庫可」。為祈求今年獵物豐盛、穀物豐收而飲酒。

▲第十天與第九天一樣。

▲第十一天叫做「愛桑巴尼特兒」。頭上插些木斛作為裝飾，以示威勢。

▲第十二天叫做「馬賽伊亞」（不要輸之意）。手拿芒草模擬在粟園清掃的動作，目的是要除蟲害，也就是除去蟲害之意。

**豐收祭**

為期十六天，這段期間內不能吃甜食。

▲第一天叫做「普恩頓可兒」。把「馬卡烏」的（類似花椒的樹）樹枝以及連根拔起的粟，從家門口及天窗中丟出，一面祈禱穀物豐收。

▲第二天是「馬西奧姆西奧姆」（拜粟之意）。殺一隻小豬，由主祭者一個人吃食，但是主祭者禁止出門，到第六天爲止。

▲第三天休息

▲第四天釀酒

▲第五天叫做「拉母拉母凱那」。要磨製割粟的鎌刀。

▲第六天稱爲「可爾茲」。要殺豬、飲酒。拿出第二天所剩的小豬肉，大衆一起分享，而主祭者也可以走出屋外，今天禁止砍柴。

▲第七天叫做「坦桑」。開始採收糯粟；在採收粟子的時候不能大解，否則就必須將採粟的工

作中止回家。

▲第八天採收糯粟，這天開始出獵。

▲第九天用新粟釀酒。

▲第十天稱爲「姆拉連」。把粟子裝在桶子裡面，並且一面搖著豬骨祈求豐收，這一天不可砍柴。

▲第十一天叫做「布兒塔兒」。要舔一舔俗稱「無患子」的苦果實。這行爲意謂著：這種苦果，連鳥獸都不屑一吃，我們也不能隨便吃它。只要聞一聞它的味道，就受不了了。這一天出獵的人回社。

▲第十二天是休息。

▲第十三天稱爲「蘭拉克賓」，要釀酒。

▲第十四天休息。

▲第十五天稱爲「亞拉提拉斯」從事粟子的採收工作。

## 首飾祭

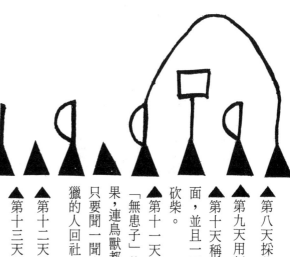

爲期九天，這期間禁吃甜食。

▲第一天叫做「馬魯奈諾克」。要穿新衣服。

▲第二天就做「馬西高兒斯」，爲這一年出生的小孩掛上首飾，並給予命名，要釀酒。

▲第三天稱爲「塔兒塔兒」，將第一天穿的新衣服脫來換洗。

▲第四天稱爲「姆拉仁提拉斯」，把粟子堆積在屋裡並飲酒。

▲第五天叫做「馬拉克拉克拉冠」，要舔一舔苦果「無患子」，告誡自己要珍重粟子。

▲第六天休息。

▲第七天模仿開墾的工作，並釀酒。

▲第八天休息。

▲第九天叫做「安辛摩克」，要喝酒，祭祀完畢。

## 取稗祭

▲第一天稱爲「馬比拉歐」要出外打獵，此外，男人要爬上榛樹上大呼「荷——荷——哈諾伊斯茲斯兒」（肉啊！來吧之意）。

▲第二天稱爲「西拉塔伊」，要煮很多的芋頭來吃，而取其中兩個，剝了皮抹上一些稗。由主祭者吃它，另外取兩個收藏起來，象徵芋頭太多吃不完。

▲第三天稱爲「坦卡茲烏」，用芋頭的莖，做一個小小的籬笆，裡面堆一些白石頭，嚇唬鳥獸，意指芋頭堅硬吃不得，祈求芋頭免爲鳥獸吃食。

▲第四天稱爲「坦賓頓」。把大小兩個芋頭並排，一刀切開。

▲第五天叫做「米肖哈巴爾」。第一天出外打獵的人回來，並喝酒。

●原住民的豐收祭，每天都有不同的活動。

# 10／狩獵與槍械

# 第一節 狩獵及獵區

原住民狩獵大部份是採用槍獵的方式。他們組成團體，利用獵狗將獵物逼出，然後用槍射殺。有時也利用弓箭及鏢槍擊殺之。獵團的組織成員，各部族不盡相同。但基本上這種組織是常設性的。至於獵物的分配方面，如果獵到的是一頭鹿，則鹿茸、鹿角、或者是鹿鞭，則分配給獵狗的主人;而鹿腳、鹿皮等分給射手。如果捉到的是豹,狗的主人可以獲得豹骨，而射手可分得豹皮。若是獵到熊，功勞則全屬於射手，所以熊皮與熊膽全爲射手所有，肉則大家平均分享，而狗的主人則得不到特別的分

●狩獵是原住民最嚮往的工作。

配。其實如果抓到熊很少剝皮，大部份是把毛燒掉，然後連皮帶肉切開大家分享。原住民的狩獵習俗是，如果射殺了從別處逃來的野獸，而後又確定其原爲附近其他獵團所追殺的對象，那麼射獲的人只能分到皮與一部分的肉，其他高價值的部份仍得歸還原來的出獵團體。

關於獵區，每一個部族自古以來就有屬於他們各自的獵區，別人是不能任意入侵的，有些部族，會與鄰近的部族共享獵區。於是侵擾問題便層出不窮，但也有人會把自己的獵區，予以轉讓他人。

帶狗狩獵的獵團，往往都會準備幾天，甚至十幾天的糧食，並於山林中建造狩獵小屋，在此起居、狩獵。這期間所獲得的獵物，會當場加以處理，把皮剝了曬乾，而肉則藏在溪流的深處，有時候幾個人結伴狩獵，並不帶獵狗前往。對於狩獵的禁忌相當多，出獵之前，必定要經過鳥占、夢卜吉凶後才出發。

此外他們還會設計陷阱、裝捕獸器等。裝置捕獸器之前，必須事先勘察放置地點。其中一種是利用繩套，動物只要踩到，立刻就會被繩子套住，另一種是動物的腳碰撞彈簧，所連接的槍會自動發射。所謂的陷阱，大都是在地上挖掘坑洞，靜待動物自行陷落其中；或是以食物誘捕獵物。不一而足。

狩獵是一般原住民最嚮往的工作。他們認爲農耕是女人的工作，卑視之；而打獵則是勇猛、雄糾糾的男性工作，也是族社中唯一的娛樂。況且，有時運氣好，一顆幾毛錢的子彈，即可換取幾十塊錢的獵物，這一現實利益的刺激下，也促進了他們的僥倖心，於是狩獵遂蔚爲風尚。

關於原住民擁有的槍器，於一九三二年時是規定要報繳官方。對於歸順的原住民，有關狩獵用的槍枝，則採限量限時的原則，由官方貸與。一般看來，獵區內獵物充足的族社，狩獵盛而農耕就相對地萎縮；而狩獵不盛的族社則農耕旺盛。

# 第二節　原住民的槍械

直到乾隆末年，原住民才懂得使用槍械，在過去，部份的平埔族人已有使用槍械的情形，但山裡的原住民壓根兒還不知道甚麼是槍。

直到漢人入侵山林採收樟腦、開山伐木，卻屢受原住民的襲擊，爲了防備所以大都攜帶槍械上山。當時原住民還不知道槍械爲何物，但懾於其威力，所以不敢出手。那時候的原住民大都是躲在樹上或草叢裡，以弓箭射殺行人。但只要對空鳴槍，他們就逃之夭夭，這是乾隆年間，有個漢人旅遊西海岸地所記載的。那時候的原住民相當懼怕槍器。後來有些墾戶獲得清政府之特許，成立大規模的組織團體，進行合夥經營，逐步擴大對原住民地區的事業，至此，防備原住民襲擊的方法也配合擴大。於是大批攜帶槍枝的兵士、隘勇、以及一些類似隘勇的壯丁、甚至於流隘，都進駐山區。大部份的原住民還是很懼怕而不敢接近。

這些尚無法了解文明利器的原住民，對於最原始的火繩槍都感到非常的驚奇，更別說槍枝了，但當他們認清事實後，竟惜槍如命，願意用生命交換，槍枝遂成爲原住民最重要的傳家寶，舉凡對付外敵、攻防守備、狩獵、婚聘、損害賠償都用得到它。身價自是不低，所以當政府警誡原住民，或是討伐原住民之際，想沒收他們的槍械，而他們卻百般隱藏，道理即在此。

現在列舉一些他們擁有過的槍枝種類，共十六種。

火繩槍、長管槍、毛瑟單發槍、毛瑟五連發槍、水筒式毛瑟五連發槍、萊福槍、迴旋轉六連發手槍、村田槍、村田獵槍、村田連發槍、毛瑟十三連發槍、史奈德槍、史敏頓單發槍、溫徹斯特五連發槍、溫徹斯特十連發槍、溫徹斯特十五連發槍。

●除了防禦功用之外，槍械亦成爲原住民的傳家寶。

# 第三節　使用槍械的起源

大約在一百年前（一九三二年），有很多清朝士兵，從大嵙崁出發，攀越枕頭山、蚋哮山，開鑿卡歐坎地區的道路。推進到埃海社附近的時候，很多士兵，因爲多日來工作疲倦而停下來休息，這個時候有一個在族社中被蔑視爲愚笨、迷糊的原住民，一時爲了好玩趁機拿起睡覺中士兵的槍枝逃走。然後停下來摸摸敲敲怎知扣著扳機，子彈竟然發射了，於是他玩心大起，朝著清朝士兵發射，竟然命中，而士兵也中槍斃命。其他的原住民都聽到這個傳聞，驚訝的發現原來原住民本身也可以使用槍械，於是原住民共謀大舉襲擊清兵，奪取了不少槍枝。於是情況丕變，他們反過來攻擊清兵。從此以後他們更是想盡辦法要弄獲槍枝。

# 第四節　槍械的傳入

事實上槍枝傳到原住民手裡，開始於乾隆末年，是一種原始的火繩槍罷了。而新式精銳的槍枝傳到原住民之手，可能是在劉銘傳銳意著手開拓蕃地的時候，（一九三二年）另一個槍枝傳入的理由是，獵首的習慣。這是一種由來已久的習俗，使得槍枝的傳入更爲猖獗，原因是北部原住民居住區盛產樟木（做樟腦），這是山地最有利可圖的事業，因此企業家們競相投入，結果這些企業家相互競爭，爲了破壞對手的業務，不擇手段，於是使得更多的槍枝有機會落入原住民之手，原住民在獲得槍枝之後，覺得好玩，常常用槍嬉戲甚至於惡作劇，他們往往在沒有必要的情形下，拿著槍對著人，追打廝殺。只爲著單純的榮譽心、好奇心，而出使獵首行動，令人害怕、擔憂。

爲了防止這種惡作劇，就必須安排更多的警衛人員，如此一來與原住民接觸的機會更多了，所以槍枝被搶的情形也時有耳聞。甚至有些狡滑的商人們，暗中把槍枝販售給原住民，從此大量槍枝流入北部地區。原住民的獵首之風更盛。

另外還有一個值得探討的原因，即甲午之役

後，台灣割讓給日本，當時撤退的清兵把槍丟棄，或者是賤賣了，於是大批的軍槍流入了原住民區。

●甲午戰敗清兵撤離台灣之後，促使大量軍槍流入原住民區。

# 11／身體上的裝飾

在所有動物當中，能懂得對自己身體加以裝飾的大概只有人類，人類雖有文明與野蠻之別，但對「美」的追求卻是不遺餘力。我們的同胞——原住民自然也不例外，刺青、鑿齒、除毛等即是，裝飾手法各族雖各有不同，但都樂此不疲。

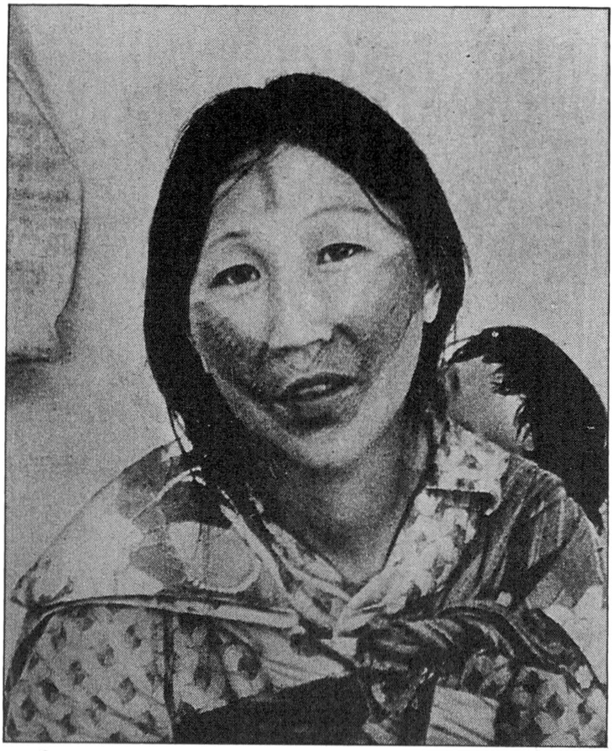

●泰雅族女子在出嫁時，要在面頰到嘴角之間做V字形刺青。

# 第一節　刺青

泰雅族之男子，於壯年之際，就必須在其額頭上刺青。過去規定：必須在獵獲人頭後，才施以刺青術，不過後來則改以野獸的頭來替代人頭。沈葆楨在其有關理蕃的奏章中所提的「王字蕃」，就是指泰雅族而言。因爲他們在額頭上刺青的形狀很像「王」字之故。泰雅族的女子成年後，同樣要在其額頭上刺青，出嫁時，更要在面頰到嘴角之間刺青成V字形。女子的青年期通常是指熟悉織布、裁縫之技藝時，不過一般還是以月經初次來潮就視爲進入青年期。刺青的工作，大都由社內幾位婦女施行。所謂黥面蕃族就是指泰雅族了。

賽夏族女在其臉部刺青，他們本來是不興刺青的，但因其駭怕被泰雅族人錯認而獵首所以學了泰雅族的模樣，請泰雅的施術者幫忙，但彼此的花式各有不同。

賽夏族與部份汶水（新竹）的原住民男子，在其胸部刺些橫豎線條；還有埔里社濁水溪方面的婦女，也會在腳部刺青。

而排灣族，爲了顯耀其爲名門出身，男子會在胸部及背部，女子則在兩手手背上刺青，不過這種舊習慣已漸漸式微。

# 第二節　鑿齒

泰雅、布農、曹族三種族，男女都有鑿齒之風。有人拔掉左右兩邊的犬齒、有人拔掉小臼齒各一支、或者是小臼齒與犬齒各一支，拔牙大部份是由父母進行。拔牙的年齡大約是八、九歲到十一、二歲之間，將木片抵住需要拔掉的牙齒，用柴刀的刀背敲擊，使牙根搖動，然後找一支樹枝，在其兩端繫上麻繩，綁在牙齒上，拉動樹枝拔掉牙齒，在傷口上塗抹一些煤煙。而拔掉的牙齒大都是埋在戶外，或是在住家屋簷滴水處。他們說鑿齒是古來的習慣，笑的時候顯得可愛些，而牙齒也比較不會重疊長出。有鑿齒風俗的種族是不吃檳榔的，曹族方面有個關於鑿齒的傳說。

沒有鑿齒風俗的排灣、阿美、雅美等三個族都有吃檳榔的嗜好，但他們也利用這種方式染齒，這是裝飾的一種，如果不夠黑，就利用草木的汁液塗抹，希望增加美觀。

# 第三節　穿耳

在耳垂處穿孔嵌入種種裝飾品，這是七個種族所共有的習慣。穿耳孔的年齡大概是四、五歲到七、八歲左右，由父母或兄姊代勞。先把蕃薯切成小片，用它塞抵耳朵內部，然後拿一支縫紉用的針（有穿線的），穿過耳垂，把線留著，待針痕癒合後，再把線抽掉，插入一支茅草莖，然後慢慢增加為兩支、三支，最後耳洞擴大，甚至可以插入幾十支，以此做為耳飾。

明治七年（一八七四年）征伐牡丹社的時候，日人水野遵民（日本領台時第一任民政長官）的日記裡（依田學海把它漢譯成《征蕃紀勳》）有敘述到「大耳人」，即是指排灣族人。不過在七個種族當中，耳洞最大的是阿美族人，自古以來，漢人稱他們為「大耳蕃」。

# 第四節　除毛

布農族、曹族、泰雅族的一部份，男女都有除毛的風俗，妙齡的婦女爲了要使眉毛看來細長些，於是將手指頭沾些灰拔除眉毛，偶而也有人使用鑷子，臉部的毛是使用兩條綿線、相互絞撚，把細毛挾除，類似漢人的「挽面」。

男子爲了避免長鬍鬚，會使用鑷子，或是運用女子拔面毛的方式拔除。以上一切都是爲了美觀，有人認爲陰毛骯髒，或者很羞人，也予以拔除。

●原住民的「除毛」、「鑿齒」風俗，今完全都消失了。

# 12／年中的活動

●新年期間的酒宴，是原住民期待的事。

無論那一個種族，一年中都有很多節慶活動，而且按照自古所流傳下來的儀式進行。祭祀團體的成員，在祭祀期間必須嚴守禁忌，尤其忌諱不相干人士到社裡來，如果有人破禁入社，輕則要求賠償，重則加以殺傷。不過到了後來，這種禁制似乎已較為寬鬆些。

# 第一節　各種祭典

**泰雅族**

播種祭：類似中國的「春社」（仲春祭祀土神）。

摘穗祭：與中國的「秋社」意義相同。

收穫祭：屬於豐年祭一類的活動。

**布農族**

播種祭、農具祭：粟子播種完後，拜祭農具以收藏之。

除草祭：除草之始，祈禱作物順利長大。

驅疫祭：禳除人畜疫鬼。

狩獵祭：祈求獵獲豐富。

刈粟祭：粟子首次收割時，祭拜祖先之靈。

小孩祭：剛生下來的小孩，首次穿衣，祈求其幸福。

新年祭、收穫祭：把所收穫的粟子，收藏於穀倉，並祭拜祖先之靈。

開墾祭：土地開始開墾，砍些榛樹爲薪，把它們堆積起來，祈求一家長壽無災。

蕃薯祭：開墾完之後，將園地的一部份，栽種一些蕃薯苗，祈求豐收。

## 曹族

粟播種祭：是播粟的起始，祈求豐收。
稻播種祭：祈求稻作豐收，動機與前項同。
除草祭：爲粟子及稻子之開始除草做祭事。
刈（割）粟祭：刈（割）粟開始的祭事。
刈（割）稻祭：刈（割）稻開始的祭事。
狩獵祭：祈求能獲得更多的獵物。
祖靈祭：收穫告成，向祖靈祈求作物豐收、人畜平安。
山川祭：祭拜山川諸神、祈求對人、畜、作物無傷害。

## 排灣族

五年祭：每五年迎祭祖先之靈一次，祈求獵首成功，五穀豐收，闔家平安，獵品豐富。
送靈祭：在五年祭的第二年舉行，要祭送去年迎祭的祖靈。
收穫祭：向神感謝，並祈望明年也能豐收。
稗祭、芋頭祭：都是祈求豐收之祭典。
獵祭、川祭：每年雨季之前，請女巫祈禱，不要發生水災，並求漁獲量多。

## 阿美族

新年祭：粟子收穫後，大約在八月舉行。
天地祭：祭拜天地、粟子、稻子、豬等。
薪祭：祭拜薪柴的堆積場。
播種祭：剛播種時，祈求豐收。
驅蟲祭：驅除田園裡害蟲的祭事。

## 雅美族

播種祭：在播種的起始，祈求豐收。
漁祭：祈求漁獲豐富。

## 賽夏族

祖靈祭：收穫完畢，祭拜祖靈祈求多福。
鬼神祭：每隔一年，邀請鬼神吃喝歌舞，祈求家中平安。

「收穫祭」是每個種族所共有的，並以此祭作爲年度的變換時期，準備豐盛的酒食，不分晝夜地歡樂，不管男女老少，事先就屈指以待，期望這天之到來。

●衆多的祭典當中，唯獨收穫祭是每個種族所共有的。

## 第二節　角板山附近原住民的新年

在角板山一帶，陸稻的收割，大致是從十月中旬起至十一月初旬結束。而後，一些打獵伙伴就結伴出獵，這種打獵伙伴，以及獵物的分配方法有一個很嚴格的規定，毫無通融的餘地，(關於此，前已敍述，不贅言)。

這群打獵伙伴，經過幾天乃至十幾天翻山涉水的辛勞，帶回許多山豬、鹿、羌，按照規定分配，各持己份帶回家去。先將獵物截去頭顱、內臟、及帶有骨頭的肉，留下的上等肉，抹些鹽放置在盆子裡，上面用石頭重壓，第二天盆子底自會被擠出一些血與鹽的混合水。然後把這些肉漬在略爲冷硬的粟飯裡，不習慣的人對於那種味道，很難接受，但原住民卻視其爲珍饈，也是正月（新年）裏特殊的料理，準備這種漬肉固然重要，但更重要的是酒。每一家都著手籌備，家族人數多、客人多的家庭會準備幾個大約三斗的酒甕釀酒，當甕裡的酒開始發酵，發出噗噗的聲音時，香味誘人，眞是令人垂涎三尺，然而那是新年用的酒，只得靜待新年的來臨。

過年的準備，相當簡單，大概就是做些粿（麻糬）、釀些酒而已，一切準備就緒後，稱爲「尼

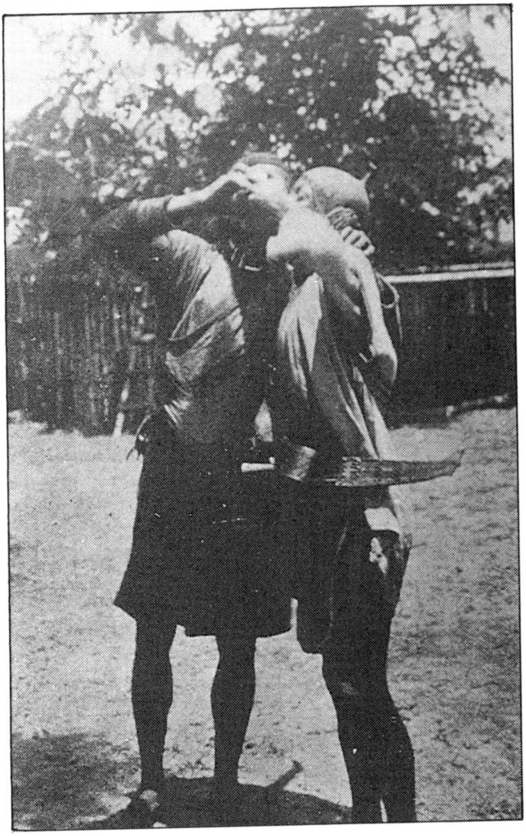

●酒是原住民年節中最重要的必備品。

茲康」的團體成員，集合商議，共同決定過年的日期，這種「尼茲康」的組織，類似台灣民間廟祝的理事，這個團體的人一起吃飯，吃祭拜過後的牲肉，如果我們稱它爲「共牲團體」也沒有甚麼不對，它是個最鞏固且休戚與共之團體。

新年的日期既已決定，四、五天前就必須開始清掃住家周圍，縫衣裳、洗衣服、補衣服、婦女們忙得團團轉。過年的前一天（即所謂除夕），就得從倉庫取出糯米，舂臼、洗淨、浸水，然後擦洗臼、杵、蒸籠、萬事俱備，隨時可以搗糒糬。雖說山中無甲子，也許他們連自己的年齡都搞不清楚，但過年快樂的氣氛仍包圍著他們。住屋裡男女老少，一團和氣。

當雄雞報曉，新年的一大早，每一家人都起床開始搗打糒糬，杵聲處處可聞，這是他們自古來的習俗。蒸飯搗成糒糬之後，就把它切成適當大小的分量，一家人團圓時享用，雖說是團圓，但他們沒有草蓆、沒有椅子，只是大家圍蹲在地面上，不過溫馨之情洋溢言表。

就在這個時候，上述的漬粟肉、鹹豬肉等各種食物則盛於木盤、瓢杓、芭蕉葉、姑婆芋葉上面，酒更是必備品，不但是成人要喝，婦孺也都捧著酒杯乾它三杯五杯，喝了酒大呼小叫，是稀疏平常的事，但到了新年他們嚴守禁忌，動作穩重，不大聲喧嘩，不殺生。

以上這三種禁律，如果破壞了，那麼這一年就會歉收、獵獲減少、遭受種種災害。所以元旦起三、四天內，嚴守禁律，即使親朋好友相互拜訪，也是吃粿（糒糬）喝酒、細聲交談，不可載歌載舞，小孩們嬉鬧，大人也不敢大聲斥責，只說：「乖乖，安靜點吧！新年可是不能吵的噢！」

曾經有一位西拿吉社的頭目求康惱（約六十歲），愛喝酒酒品又差，常鬧事，平時，他喝過一升（約一、八公升）後，就開始鬧事，稍為不如意就大吵大鬧，對於妻小、弟妹，也是又打又踢，如果有親朋好友從中規勸，他就會瞪起滿是血絲的眼睛大罵,給我滾開,相當霸道。但只要新年一到，無論讓他喝多少，他只是酒醉，壓根不會吵鬧，好似變成另一個人，因此他的家人,尤其婦女小孩,特別期盼新年到來。由此可見，他們那種努力用心遵守禁忌的心態。

# 13／原住民的技藝

# 第一節　織布

所有的原住民婦女都會織布，這是一種祖先傳承下來的原始技術。他們自己栽種苧麻，採收後紡成麻紗，然後織成布，再把它裁剪、縫製成衣服。不過南部的排灣族、曹族以及東岸的阿美族，因爲他們與漢人接觸較早，獲得布匹、衣服比較容易，與其自己辛辛苦苦種麻織布，不如自漢人買得容易，因此他們的織布技術漸漸衰退，大部份人都購買與台灣人所用相同的種種布料，然後按照自己的喜愛裁製衣服，或加些刺繡圖案。只有泰雅族人自恃武勇，不屑屈服於他族，長久以來與外人爲敵，僻居山間，因此泰雅族的婦女，不求助於外界，仍保留原始的織布技術。

日本領台後，原住民可以買到各種紗線，尤其是染了色的毛線、棉紗等。原住民將這些紗、線混合，應用於織布上，竟能織出種種巧妙的花樣，某些族社，織布業竟因此越來越進步，但這畢竟只是一小部份的現象，大部份的人總認爲傳統的織布技術過於幼稚粗糙，再加上容易購得衣衫，所以自古以來所傳承的織布技術，已逐漸式微。

原住民使用自古流傳下來的織布機，將自己

●排灣族的紡織最具特色。

所生產的麻紗，混用一些染色的毛紗、棉紗織成各種花紋，有時候會摻雜些野生的葛草根，把麻紗染成褐色，織出種種條紋。織造這種布，通常一天只能織一尺到一尺四、五寸而已。織布的長短，或許與住屋的構造有所關連，因爲織布機很簡陋，沒有捲長線的地方，織布時用腳踩踏織布機，使機身轉到手的下面，僅此一回轉而已，因此難有全長十五尺以上的布匹，機身的構造是將一塊大約四尺長的桐木塊中間鑿空成爲圓圈的形狀，在桐木塊的中央繞一圈，然後用腳踩住，因此當然不能織出長布來。

紡織最具特色的是排灣族，不論在色彩或條紋上都匠心獨運，各地區原住民的刺繡品，均被外界利用於婦女的衣帽上的裝飾，甚至桌巾、椅墊、手提袋、錢包等都採行之，據說很雅緻，已漸爲流行的趨勢。

# 第二節　工藝

各種族的人，都各有多項的手工技能，而且以往的生活也是自給自足，所以生活必需品，如武器、以及其他裝飾品等都採自製方式。而其中有些相當富於原始色彩，淳樸的藝術表現，非常值得欣賞。過去對於時間、勞力的花費都不曾在意，所以出現了許多精巧細緻的工藝品，不過由於交通漸漸發達，受到外界的刺激，漸漸了解衡量時間與勞力的花費，工藝品遂逐漸由藝術傾向於實用性，技藝的能力也漸漸降低，某些手工藝品已經沒有人願意做了。手工藝品的種類，因爲原料都限於當地所產，所以各種族並不相同，一般是用藤、竹子編製帽子、斗笠、籠子、簸箕、竹蓆等，木製的則有木碗、酒杯、湯匙、木桶、臼、煙管、裝飾品等。而排灣族人則會雕刻一些人物、動物，原住民懂得栽培苧麻，紡成紗，織成布，或編成袋子。把獸皮加鞣，做成衣服。用月桃草做成小盒子或草蓆等，用粘土燒成陶器。紅頭嶼（蘭嶼）的原住民會做土偶、獨木舟、或其他動物玩具，也能用銀做頭盔、胸飾、腕環等。

這些工藝品的製作，大部份是以自用爲目的，但最近有人以交換爲目的而製作了，然而

●雅美族人製作的獨木舟。

他們相當缺乏經濟觀念，並不會利用這些手工藝品做爲謀生之用，因此產量並不多，而他們的生活，隨著外界文化之影響，織布、陶器等的製作已經漸漸衰退，有的幾乎是廢絕了。現在值得一提的是：泰雅族的織布，部份阿美族人及雅美族的陶器，其他原住民對於這類工藝品的製作，幾乎沒有了。

## 雕刻

雕刻方面，以排灣族最爲出色，泰雅族雖也有，但都相當樸拙，不能與之相提並論。然而，排灣族他們並不在乎勞力及時間的花費，而且似乎天生愛好此道，有人在餐具、耳飾、煙管上面、樂器上面、刀柄、刀鞘、槍托、甚至於家裡的樑、柱子等都加以雕刻上色。不過對於人頭及蛇等圖案，有一定的限制，必須是有權勢的人家才能雕刻。甚至有些湯匙、飯杓等，整個形狀就像人形，維妙維肖。

雕刻圖案以及被雕刻物（木雕、石雕、金雕等）：

**祖先的像**：雕刻在武器、農具、工具、樂器、裝飾品、餐具上面。

**波波**：是裸體的男女像，刻在室內的大柱上，也有不少是刻在石板或櫸木上面的巨大浮雕。有的是在三、四尺大的木材上施以圓形雕刻，又有些是在石板壁或碑面上以線描雕刻。

**布恩奇克巴治**：是一種描刻男女裸體、人面、百步蛇、鹿等的木製浮雕，大部份都加以紅色、黑色的漆料，而男女的眼睛則嵌以陶器珠等。

**布恩奇克．沙馬烏**：寢室鏡板上的木質浮雕。同樣地以男女裸體爲圖樣，有些則加塗紅色或黑色的漆料。

**衣櫃**：有些是木製品。大多是將圓木刨空，然後在正面刻以連續的圓形人面，或者是百步蛇的鱗片圖，再用紅黑漆料上色。

**枕頭**：大部份是木製的長枕。有些雕刻有男女像及百步蛇背部花紋。

**刀器**：刀鞘上面大多刻有人形、人面浮雕。有的是素面，有的則用紅黑漆料著色，刀鞘的另一面，通常用金屬板打出花紋做裝飾。

**盾牌**：一定使用榕樹材質。有人面、人形、百步蛇等浮雕，以白與黑、紅與黑上色。

**槍(矛)**：在槍柄上刻以百步蛇背紋或是人面圖像。大多紅黑漆料彩色。

**弓箭**：有百步蛇、人面、人形等浮雕。

**槍（火器）**：在槍托上有百步蛇、人面、人形等浮雕。

**小鎌刀**：在刀柄上浮雕百步蛇、人面、人形等。

**柴刀**：刀柄上有百步蛇、人面、人形等浮雕。

**鉞**：在柄上有百步蛇、人面、人形等浮雕。

**煙管**：上面雕刻人面、人形、鹿、百步蛇等圖案。有不少是用銀、黃銅、做些點狀圖飾或線狀的鑲嵌。多用紅黑上色。

**酒杯**：可分雙人飲用及單人飲用兩種。有些是局部雕刻人形、人面。有的是用紅黑漆料加以彩色。

**湯匙**：雕有人形、人面等，有的是整個柄做成人形。

**雕刻刀**：在刀柄上雕刻人形、人面、百步蛇等。

**竹笛**：有的在上面細雕百步蛇花紋。

**鼻笛**：有不少是細雕百步蛇圖案。

**口（嘴）琴**：多雕以百步蛇花紋。

**梳子**：有些是雕刻人面，並擦抹成紅色。

**玩具**：不少是裸體人形、動物、鳥類的雕刻品。

此外，排灣族還有用手工挖刨而成的雜器、餐具、農具等。

以上這些都是排灣族獨特的東西，但在泰雅族也可以看到一兩樣雕刻品。

**紡織機機身**：線雕百步蛇或人面等。

**耳飾**：以竹管爲材質。其上細刻百步蛇的圖樣，刻紋給人的感覺頗類似於臉部的刺青。

## 手工品

一般的手工品包括背負籠、便當籃、衣箱、藥箱、帽子、餐具、耳飾、作爲耳飾的竹管等，金屬、珠玉、牙工藝品、裝飾品、武器，則以泰雅族的製品較多。

**手環**：都是些黃銅及銀製的，有的在上面刻上一些花紋。

**臂釧**：黃銅製，以加個山豬牙的爲多。

**珠釧**：鑲有黑及白色的小珠。

**戒指**：黃銅製，嵌有玻璃珠。

**銀盔**：是雅美族特有的，原料是把銀幣燒溶所得。

●排灣族的雕刻最享盛名。

這時所有的原住民都還沒有度量衡器，但雅美族人卻有一種類似天秤用以衡量重量的東西。

**網類**：用於農具、雜器具之用。他們都會做，但南部與北部的形狀卻不一樣。

**背負網**：南部的是一個口。而北部的是四手網式，用背的。

**裝魚網**：裝魚用的，而非撈魚用的。

陶器包括餐具、酒器、玩具等，而水缸、酒缸、玩具則刻人形、動物、鳥類、船等圖案，這些東西大部份是雅美族所做的，而玩具中的裸體人形是雅美族最爲出名的產品。甕這一類的東西，雅美與阿美各族都做得很多。

## 織布的花紋與刺繡

在過去，各種族都自己種麻，自己織布使用。但近來平地的棉布相當便宜，色彩又豐富，他們也開始使用，因此自織的布品，漸漸式微，現在大概只有泰雅族人還在織造吧！

**上衣**：以白麻爲質料，腰圍部份，利用紅色毛紗或其他顏色的毛紗、或棉紗織出花樣。

●原住民的手工藝品簡單卻細緻。

**禮服**：用白麻紗與紅色毛線交織，並在縫接處，縫上白珠（用貝殼磨成的小珠珠）。

**珠衣**：形狀方面與禮衣幾乎毫無差別，但在衣服表面大部份縫上白珠。

**袖衣**：長袖子，但平常穿的是沒有袖子的。

**短衣**：全部混雜一些紅色紗織造，在接縫處，及衣緣，縫上白珠，或者是使用陶質的鈕扣、螺錢、也有紅色紗與藍色紗交織而成的。

**方巾**：種種毛紗交織而成的，有的是混入些褐色的麻紗，織成條紋形。

**裙**：用麻紗或者是棉紗製成，或是用藍色的棉布做成的，並用紅色毛紗，將花紋浮織起來，裙邊縫上些白珠。

**綁腿**：大部份是白底，然後以紅色毛紗浮織一些花紋。也有些花邊縫上白珠。

**大方巾**：有褐色條紋的，或是把各色毛紗交織而成。

**圍布**：在一塊藍色棉布上面，加以刺繡，並縫上毛紗簇塊，做爲裝飾，或者是用陶製鈕扣、螺錢等做爲裝飾品。

**肩飾**：用藤條編成，縫上幾個貝殼。

**珠帶**：把白珠或是玻璃珠串連起來，再加上白珠簇，在末端再加上小鈴。也有些是用紅青黃各色毛紗所織成的。

**脚飾**：用與珠帶相似的材料裝飾起來，而較簡單的方法則是頭髮與毛紗交相編織起來的繩子代用。

**背飾**：縫上一些毛紗（線）、白珠、鈕扣、在末端處加個小鈴。

**檳榔袋**：這種東西排灣族人用得較多，在布匹上以各色粗糙的毛線刺繡，或者是以單色的扁形繩子縫上，種類不少。

此外排灣族人會在衣服、胸甲、綁腿、袖口處，用綿線或紗線刺上直的、斜的、或交叉形的各式幾何圖案。

**國立中央圖書館出版品預行編目資料**

臺灣原住民風俗誌／鈴木質原著.--第一版.
--臺北市：臺原出版：吳氏總經銷, 民81
面；　　公分,--(協和臺灣叢刊：25)
譯自：台灣蕃人風俗誌
ISBN 957-9261-21-0 (平裝)

1.臺灣—社會生活與風俗

538.8232　　　　80003962

●協和台灣叢刊25●

# 台灣原住民風俗誌

原著／鈴木 質

編 校／吳瑞琴
校 對／鄭敦仁．陳嫣紅
發行人／林經甫
總編輯／劉還月
執行編輯／吳瑞琴
編 輯／陳嫣紅
美術編輯／王佳莉
出版發行／協和藝術文化基金會
臺原出版社
地 址／台北市松江路85巷5號（協和醫院地下室）
電 話／（02）5072222
郵政劃撥／1264701～8
出版登記／局版台業字第四三五六號
法律顧問／許森貴律師
地 址／台北市長安西路246號4樓
印 刷／松霖彩色印刷事業有限公司
電 話／（02）2405000
總經銷／吳氏圖書公司
地 址／台北市和平西路一段150號2樓之4
電 話／（02）3034150
定 價／新台幣二〇〇元
第一版第一刷／一九九二年（民八一）元月



ISBN 957-9261-21-0